和辻倫理学を読む

もう一つの「近代の超克」

子安宣邦

青土社

和辻倫理学を読む　目次

15 和辻『倫理学』はいかに完結したか　和辻倫理学の戦後　267

和辻倫理学を読む——もう一つの「近代の超克」

1

なぜいま和辻倫理学なのか

和辻倫理学と昭和の刻印

この書の内容は倫理学書として甚だ異様に見えるかも知れない。
和辻哲郎「序言」『倫理学』上巻

この巻の最後の節を執筆してゐた時に今度の大東亜戦争の勃発に際会したのである。
和辻哲郎「序言」『倫理学』中巻

1 『倫理学』と昭和の時代

和辻哲郎の主著である『倫理学』上・中・下の三巻は、太平洋戦争を間にした戦前・戦中・戦後の十余年という歳月の経過をもって完成した。詳しくいえば上巻は戦前の昭和一二年（一九三七）に、そして中巻は戦中の昭和一七年（一九四二）に、さらに下巻は戦後の昭和二四年（一九四九）に岩波書店から刊行されたのである。[1] 和辻はそれぞれの巻の執筆にほぼ四年ないし五年を要している。完成までにもっとも時間を要したのは下巻であるが、この巻の執筆が敗戦をはさんだ時期であったことからすればそれは当然だろう。ところで『倫理学』上巻の前提をなすものとして、昭和九年（一九三四）刊行の『人間の学としての倫理学』（岩波全書）があり、さらにこの書を準備するものとして論文「倫理学――人間の学としての倫理学の意義及び方法[2]」（昭和六年）が書かれていることからすれば、和辻における「人間の学としての倫理学」の着想から、『倫理学』三巻の完成までほぼ二〇年という歳月を要したことになる。『倫理学』だけについていっても、その完成に「十五六年の歳月[3]」を要したと和辻自身もいっている。したがって和辻倫理学の着想から著述としての完成までの時期は、まさしく昭和前期のほぼ二〇年という時代に重なるのである。

年表を繰るまでもなくその二〇年とは、アジア・太平洋戦争という昭和日本の戦争によってはっきりと刻印されている時期である。和辻の『倫理学』もまた昭和の戦争に刻印されている。「国防が国家にとつて必須であることは、同時に戦争が国家にとつて必至であることを意味する」と、和辻は「大東亜戦争」の勃発の報を聞きながら『倫理学』中巻の最終節「国家」に書くのである。(4) だがこうした文章を『倫理学』から拾い出すことで、和辻のこの主著がどれほど昭和前期という時代とその戦争に加担するものであるかを証そうとする積もりは私にはない。そうした証拠集めのために彼の『倫理学』をいまさら読む必要はないのである。この書をわれわれがいま読むことの必要は、歴史に鋭敏な、先駆的知性の持ち主和辻哲郎という著者によってこの『倫理学』が、むしろ昭和〈近代〉という歴史の刻印をすすんで負って成立しているその点にあるのである。和辻は一九二五年から四〇年代にいたる〈世界史〉的昭和の歴史のなかに出て倫理学という近代日本の人文学を構想し、執筆しているのである。彼は既成の倫理学を再生産する積もりはまったくなかったのである。彼はこの倫理学を「人間の学」だというのである。その意味で和辻の『倫理学』とは、昭和の歴史的刻印をすすんで負った近代人文学の一つの達成なのだ。『倫理学』中巻のあの「国家」の節も和辻が已れの著書にすすんで捺した歴史の印《しるし》というべきだろう。(5) それゆえわれわれは和辻による昭和の倫理学形成の作業を、彼がすすんで捺した昭和の印とその捺し方を確かめつつ、ポスト昭和の二一世紀のいまあらためて読む必要があるのである。

私はいま昭和〈近代〉といい、また〈世界史〉的昭和といった。和辻倫理学が背景にもつ昭和前期、すなわち一九二五年から一九四〇年代にいたる時代とは、私がさきに『「近代の超克」とは何か』[6]で記述していった時代である。「近代の終焉」をいう文学的言説が生起し、「世界史の哲学」が饒舌に語り出され、さらに「東亜協同体」が構想されていったのは、まさしく昭和前期のこの時代であった。そして和辻における『倫理学』の成立過程とはこの昭和前期という時代であるのだ。ここではこの昭和前期という歴史的地層をわずかに垣間見るにとどめよう。昭和史は一般に恐慌とともに書き始められる。未曾有の不景気、そして都市における大量の失業と農村の一層の貧窮化は、第一次大戦後の日本を満たしていた繁栄感を一気に喪失させた。その前に予兆というべき関東大震災があった。明治以来追いかけてきたヨーロッパ近代の資本主義的原理がもたらす苛酷を、日本人はいま痛切に知ることになったのである。もはやヨーロッパの近代文明とは、日本人が無前提に掲げるべき目標ではなくなった。そして一九三一年九月一三日、柳条溝の爆破事件が満洲における日本の侵略的軍事行動を一気に立ち上がらせた。翌年三月にはすでに満州国が建てられる。満洲事変は日本の国内的な閉塞感を破っただけではない。それはヴェルサイユ条約やワシントン会議、不戦条約からなる大戦後の世界秩序、すなわちアングロ・サクソン的世界秩序に対するアジアからした痛撃であった。『倫理学』の背景にある昭和前期という時代はこのようにして始まるのである。日本はいまやアジアの帝国主義国家として、アジアを背景に既存の世界秩序の再編を要求するのである。日本は正真正銘の日本帝国になったのである。日本の近代化は、ヨーロッパ的近代を批判して、その超克をもいう〈近代〉に達したのである。それを私は昭和〈近代〉というのである。あるいはそれを京都学派の歴史哲学者にならって

〈世界史〉的昭和というのである。和辻がそのなかに出て、己れの著述に刻印していったのは、この昭和〈近代〉の、あるいは〈世界史〉的昭和の歴史である。

2 『倫理学』の過剰

私はここで和辻の『倫理学』を倫理学として読もうとするのではない。和辻の主著を倫理学として読まないという私の読解の意図を説明する前に、そもそも『倫理学』を倫理学として読むこととは何かを考えてみたい。人びとはこれを、すなわち『倫理学』を倫理学として読むことをあるいは当たり前のことと思っているかもしれない。これを当たり前とするのは、たとえば和辻を継いで東大の倫理学講座を担当した東大教授金子武蔵によって『倫理学』が解説されることを、もっとも正当なこととして受け入れることを意味している。それは和辻の『倫理学』が倫理学者金子武蔵によって代表的に読まれることを正当とすることである。たしかに『和辻哲郎全集』が収める『倫理学』は金子武蔵によって解説されている。(7) こうして岩波書店の『和辻哲郎全集』とそこに収められる『倫理学』はもっとも権威あるテキストとして読者に与えられることになるのである。ではこの金子の読みを代表例とするような『倫理学』を倫理学として読むこととは何か。それは学問的知識体系における倫理学という学問的専門領域の存在を、倫理学史とともに前提にし、和辻『倫理学』という新たな倫理学的構想と記述がもつ意味を解明していく読み方である。しかし『倫理学』を倫理学として読むこの読み方は、いってみれば倫理学の学問的再生産にかかわる者による、その再生産業者を相手にしてなされるような読み方である。ではなぜそれが代表的な読みとしての正当性をもつのだろうか。それは『倫理学』を倫理学として読むことの正当性、すなわち倫理学の学問的再生産にかかわって『倫理学』を読むことの正当性を容認するような読者世界を前提にしてであるだろう。それは『和辻哲郎全集』の権威を承認する読者からなる世界である。だがそのような読者世界はすでに消滅してしまったのではないか。和辻の全集はいまでは安い値札をつけて古書店に積まれているだけである。

しかし私が『倫理学』を倫理学として読むことをしないのは、倫理学として読むことの意味がすでに失われているという理由だけによるのではない。和辻の『倫理学』は倫理学を超えているからである。そのことをもっともよく知るのは和辻自身であったであろう。彼は『倫理学』上巻の「序言」でこういっている。「在来の日本の倫理学書を見慣れた人々にとつては、この書の内容は倫理学書として甚だ異様に見えるかも知れない」[8]と。和辻がいま読者に提示しようとする『倫理学』は、従来の倫理学書からすれば異様なものだといっているのである。私の『倫理学』はいままでの倫理学の概念に当てはまらない、その枠をはずれた異様な倫理学書だと、和辻は自らいっているのである。異様であるのは、「著者が意識的に在来の倫理学書の弊風を避けようとしたこと」に原因すると彼はいう。その弊風とは、「徒らに既成の倫理学書の定義や概念を並べ立てて、その整理を以て能事了れりとすること」であり、「更に甚だしい場合には、右のやうな概念整理の書の紹介を以て能事了れりとする」ようなことである。和辻はこの弊風を破ろうとした。ではいかにしてこの弊風を破るのか。それは倫理学を「倫理そのものの把捉」を任務とする学とすることによってである。しかし倫理そのものの学的反省とは、アリストテレスやカントやヘーゲルもしてきたことであって、決して異様なことではない。これが異様に見えるのは、明治以来の日本の倫理学が「誰がどう考へたかの穿鑿」に終始してきたからである。和辻はいま「倫理そのものの把捉」をめざして在来の倫理学を超えようとするのである。

倫理は我々の日常を貫いてゐる理法であつて、何人もがその脚下から見出すことの出来るものである。この生きた倫理をよそにしてただ倫理学書の内にのみ倫理の概念を求めるのは、自ら倫理を把捉する所以ではない。我々は我々の存在自身からその理法を捉へ、それを自ら概念にもたらさねばならぬ。

和辻は「倫理そのものの把捉」をめざして倫理学を超え出る。在来の倫理学がヨーロッパ倫理学《エシックス》の一方的な受容からなるものであるかぎり、たしかに和辻はその倫理学を二重に超え出ることになる。「倫理そのものの把捉」をめざすことが、和辻に倫理学の二重の超出をもたらすのである。一度は、「倫理そのものの把捉」という学的反省の根柢化によってである。もう一度は、「我々の日常を貫いてゐる理法」という「倫理」概念の根柢化によってである。在来の倫理学を二重に超え出ることによって和辻は、倫理学を「倫理」を問う学として再構築していくのである。「倫理」を問う学とは何かについて、彼の『倫理学』は早すぎる答えを出している。早すぎるというのは、『倫理学』という書の展開にとってである。『倫理学』の「序論」は、「倫理を問ふことは、畢竟人間の存在の仕方を、従つて人間を問ふことにほかならぬ。即ち倫理学は人間の学である」と、在来の倫理学を超え出た先が「人間の学」であることを和辻は早々に明かすのである。ここでは、「倫理」を問う倫理学とは「人間の学」だという早すぎる答えを確認するにとどめよう。ともあれ和辻は倫理学を超え出る。和辻の『倫理学』は「倫理」への問いを根柢化することによって倫理学を超え出るのである。そのことは『倫理学』という学的作業に、近代日本における倫理学の学的再生産ということを超えた過剰な意味を与えることになるだろう。なぜなら「倫理」への問いを根柢化することで倫理学を超える学的作業は、この「倫理」への問いの共鳴者を既成の倫理学が依る学的世界の外部に求めることになるからである。和辻の『倫理学』は、西田幾多郎の哲学書を受容していった昭和日本の知的世界、あるいは岩波書店の出版物が生み出していった昭和の教養的世界に向けて発信されるのである。『倫理学』は倫理学外部に向けた過剰なメッセージを含み、過剰な意味をになっているのだ。『倫理学』をただ倫理学として解説し、ただ倫理学として読もうとするものは、これが発する過剰なメッセージを読み取ることはない。

だが『倫理学』という学的テキストがもつ意味の過剰は、「倫理」への問いを根柢化するという学的作業それ自体からくるだけではない。一九三〇年から四〇年代にいたる昭和日本の歴史的な時空で「倫理」の問い直しがなされること自体が、和辻倫理学にはるかに過剰な意味を与えているのである。

3　『倫理学』と早すぎる答え

私はさきに、「倫理を問ふことは、畢竟人間の存在の仕方を、従つて人間を問ふことにほかならぬ。即ち倫理学は人間の学である」と、『倫理学』は読者に早すぎる答えを与えているといった。だが早すぎるのはこの答えだけではない。これをいう『倫理学』上巻の「序論」は、次のような言葉をもって始まっているのである。

> 倫理学を「人間」の学として規定しようとする試みの第一の意義は、倫理を単に個人意識の問題とする近世の誤謬から脱却することである。この誤謬は近世の個人主義的人間観に基いてゐる。

早すぎるといえば、これこそ早すぎる言葉である。「倫理」への問いを、人と人との間柄的な存在としての「人間」への問いとして方向付ける理由を、実は先刻自分がもっていることを和辻はいってしまっているのである。では「倫理」への問いを前もって方向付けているものとは何か。それは「近世の個人主義的人間観」の誤謬をいう反‐近代的な時代意識である。一九三〇年代の全体主義化する世界で共有される時代意識である。それは三〇年代のヨーロッパのものでもあり、昭和の〈世界史的〉日本のものでもある。いま和辻はその日本から近代個人主義の誤謬をいうのである。そのとき彼の反－近代の言語を規定していくのは、〈西〉に対する〈東〉をいう地政学的言語である。この地政学は、日本がまさしく〈世界史〉的日本になったときに、アジアの日本としての自己認識・自己主張のあり方を規定していくのである。私は昭和〈近代〉という日本の自己主張、その民族的、国家的な自己主張を規定しているのはこの地政学だと見ている。和辻の反－近代の言語もこうして地政学的になるのである。〈西〉あるいはヨーロッパ近代の個人主義の誤謬をいう和辻は、〈東〉の思想伝統をいま呼び起こし、その伝統において「倫理」を問い直し、そこから「倫理」の人間学的定義を導くのである。これらはすべて和辻の『倫理学』のあの早すぎる言葉がもたらす早すぎる答えである。早すぎるというのは、和辻の『倫理学』はその学的な論理を展開させる以前に、それを方向付けるものをすでに時代からすすんで受け取っているということである。あるいはそれはこういうべきかもしれない。和辻の『倫理学』は、その学的展開以前に過剰な意味を時代からすでに受け取っていると。

「倫理」への問いとは、人と人との間すなわち世の中でもある「人間」の存在の仕方への問いであると、『倫理学』はわれわれに早すぎる答えを与える。『倫理学』におけるこの早すぎる答えとは、形成史的に見れば、『倫理学』に先立つ『人間の学としての倫理学』がすでに用意した答えである。和辻の『倫理学』はこの早すぎる答えをもって始まるのである。それゆえ『倫理学』が展開させる学的論理とは、この答えを導く代わりに、この答えを自ら歴史に敷衍し、具体的経験世界で点検し、論理的に体系化して、昭和の読者にこの〈東〉からの答えを領有させるための壮大な学的プロセスであることを明らかにするのである。その学的プロセスが『倫理学』の上・中・下巻である。それは『倫理学』が時代からすでに負う過剰な意味を、理論的にさらに意味づけていく過剰な学的過程である。和辻『倫理学』とは、文字通り過剰な体系となるのである。ことに『倫理学』中・下巻とは、人間という共同存在をめぐる社会学であり、民族学・文化人類学であり、政治学・国家学でもある。そこで展開される主題も議論も、共同体論であり、比較社会論であり、家族・民族・国家論であり、風土論であり、また文化類型論などなどである。和辻は倫理学から溢れ出てしまうこの過剰をなお倫理学として体系化しようとするのである。こうして過剰な体系『倫理学』上・中・下三巻が、昭和前期の一五年という戦争を間にした歴史的経過とともに昭和の読者に与えられることになったのである。あらためてわれわれはこの過剰な体系『倫理学』とは何なのかと問わざるをえない。

4　昭和ナショナリズム

私は数年前、日本の「民族」概念の成立をめぐって一つの論文を書いた。[9] その際、私はまず「民族」という語彙の成立事情を調べてみた。その結果、「民族」という語も他の多くの翻訳語彙と同様に近代に成立する漢語であることを知った。しかもその成立が想像したよりずうっと後であることを知って私は驚いた。「人民の種族」から「民族」とその同義語「民種」という語彙が成立してくるのは、明治のかなり後年に属することである。恐らく一国人民の種族という「民族」の語が日本社会に成立するのは明治の三〇年代である。[10] しかし国家を成す種族的な、言語的な同一性をもった人民という、あるいは歴史や民俗、精神や感情を共通にする人民という「ネイション」に対応する「民族」概念が日本に成立するのはさらに遅く、ほとんど大正末年から昭和に入る時期であったようである。[11] この「ネイション」としての「民族」概念が成立することは、同時に一国史をその構成主体としての民族を中心に記述するような歴史的視点が成立することでもある。あるいは民族性をもって一国の神話や宗教、文学や言語などの文化的遺産を研究し、記述する文化学・文化史学的視点が成立することでもある。もちろんこうした「民族」概念の社会的成立の前提には、まさしく「民族問題」が国際的問題として登場してくる第一次大戦後の世界史的状況があった。

一国的同一性の根拠である「民族」概念の要請と、一国のいわゆる文化的、精神的伝統をめぐる学的認識の要求とは、どっちが先でどっちが後だともいうことはできない。伝統への要請とともに伝統は創出されるとすれば、「民族」概念の要請とともに、民族的同一性もまた学的に構成され、記述されてくるのである。昭和初期とはまさしく一国的同一性の根拠としての「民族」概念がはっきり成立するとともに、民族とその同一性をめぐる学問的言説が言語学、社会学、宗教学、神話学、民族学、民俗学などなどで展開されていった時期である。日本における精神的同一性を歴史に通観する日本精神史もまたこの時期に成立するものであることを付け加えておこう。一九四五年にいたる昭和前期とは、明治の国家形成期とは異なるもう一つのナショナリズム、世界の一強国となった日本のナショナリズムが強力な時代思潮をなした時代である。私はこれを明治のそれと区別して昭和ナショナリズムと呼ぶ。昭和ナショナリズムとは〈世界史〉的日本のナショナリズムである。それは〈東〉からの〈世界史〉的日本の自己主張である。哲学が〈世界史〉的日本の自己主張であり、自己理解であるかぎり、昭和の哲学とは哲学というナショナリズムである。和辻倫理学もまた、〈東〉からの「世界史的任務」を自覚した倫理学というナショナリズムである。

5　世界史的任務

昭和一二年七月、箱根の山中で『倫理学』中巻の最初の節を執筆していた和辻は、「日支事変の突発」の報に接して、「文化的創造に携はる者の立場[12]」という決意を表明している。彼は今回の事変を、日本が負う悲壮な運命の展開として受け取るのである。「日本は近代の世界文明の中にあってきわめて特殊な地位に立っている国である。二十世紀の進行中には、おそかれ早かれ、この特殊な地位にもとづいた日本の悲壮な運命が展開するであろう。あるいはすでにその展開が始まっているのであるかも知れぬ」と和辻はいうのである。日本が負う悲壮な運命とは、「究極において十億の東洋人の自由を護ること」だと彼はいう。東洋とその高貴な文化を護り、それをギリシア文化の潮流と総合して新たな世界文化の統合をもたらすこと、それこそ日本が直面する歴史的事態が文化創造に携わるものに与える「世界史的任務」だと和辻はいうのである。

かかる意味において文化的創造に携わる人々の任務はきわめて重い。それは小さな自己の生活の利害などをはるかに超出した世界史的任務である。身命を賭して努力すべきはただに戦場のみではない。

『倫理学』中巻は、日華事変の報に接して「世界史的任務」を強く自覚する和辻によって書き進められるのである。ところでわれわれが現在『倫理学』中巻に見るような内容の展開は、当初の目論見にはなかったことだと和辻はいっている。中巻で扱われるのは上巻の「序論」に提示された第三の問題である。すなわち「人倫的組織に於ける連帯性の構造」の問題である。「我々はそれを先づ存在の共同といふ点から捕へる。それは二人結合といふ如き単純な存在共同から国民的結合といふ如き複雑な存在共同に至るまで層階的に辿ることが出来る」と和辻は「序論」にのべている。これが当初の著者の目論見である。だがこの第三の問題を実際に展開し始めると、目論見通りにはいかなくなった。「疑問を抱くことなく認容してゐたいくつかの見解を新たに考へなほす必要も生じ、漸次叙述を拡大して、遂にこの第三の問題のみを以て中巻を構成するの止むなきに至つた」と、和辻は中巻の「序言」に書いている。特に著者にとって困難であったのは、この第三の問題の性質上から、「社会哲学、経済哲学、文化哲学、国家哲学、更に立ち入つては技術哲学、言語哲学、芸術哲学、知識哲学、宗教哲学等の諸問題」に踏み込まざるをえなかったことにあったと和辻は書くのである。まさしく『倫理学』中巻は、最初の目論見からすれば過剰な、あるいは溢出した議論の展開であったのだ。和辻はこの過剰な展開を、社会哲学から宗教哲学にいたる過剰といえる諸分野にあえて踏み込みながら遂行していった。それはまさしく「世界史的任務」の困難な遂行であった。和辻はこの過剰な展開によって、すなわち二〇世紀的諸知識・学問を糾合してなされる人間的共同存在の諸態様（人倫態）をめぐる構造分析を通じて、「国家」という最高の人倫態に究極的に還帰する自己否定的な運動としての人間的共同存在の理法（人倫の理法）とその貫徹を、理論的明証性をもって提示しようとするのである。近代市民社会（経済社会・利益社会）を人倫の欠如態として、自己否定的運動の否定的契機として含みながら、そうしたすべての私を公に転ずる「国家」を最高の人倫態として記述しえたとき、和辻は己れの『倫理学』の勝利を確信したかもしれない。たしかにこの『倫理学』の中巻が成った昭和一七年三月には、日本人はなお「大東亜戦争」の初戦の勝利に酔っていたのである。

6　挫折の拒否

『倫理学』中巻を構成する第三章「人倫的組織」の執筆を終えた昭和一七年三月に和辻は、「本書に於ては最後に国家の問題を扱つてゐるが、しかしこの章では問題はなほ一般的であつて、我国の国体や、世界に於ける我国の独特の使命などに論及してはゐない。これらの問題は下巻に於て、人間存在の原理を更に風土哲学歴史哲学に展開した後に、詳細に取り扱はれる筈である」（中巻「序言」[13]）と直ぐにでも書かれる下巻（第四章「人間存在の歴史的風土的構造」）を予告して、そのように書いた。和辻が自らの倫理学体系を予め四問題に分節化した上巻の「序論」第一節では、下巻は第四の問題すなわち「人間存在の風土的・歴史的構造」を扱うとし、この最後の課題は「我々を国民道徳論に連れて行く」といっている。和辻はこの「国民道徳論」は、原理的研究と歴史的研究の二面をもつとして、「前者は倫理学の体系の一部門としての国民道徳論であり、後者は或国民の道徳史、従つて特に日本道徳史の研究である」といっている。ここには日本の敗戦という事態に直面することがなければ見ることのできた和辻『倫理学』の達成された姿がある。

日本の挫折は、和辻の『倫理学』下巻を最初の企図のままに実現することを不可能にした。下巻の執筆は難航した。しかしともかくも「大体において終戦の翌年に起稿し」て、昭和二四年二月に和辻は擱筆した。下巻の「序言」でその間の事情を和辻はこう書いている。

> 著者は、昭和十七年の春中巻を脱稿してから、ひき続きこの問題を展開しようと試みてゐた。しかし事情はそれに幸しなかつた。著者の考察はかなたこなたへと課題の外に迷ひ出で、途中にして稿を捨てざるを得なくなつたこと、二度三度に及んだ。この書はそれらの断片をもいくらかは利用してゐるが、大体において終戦の翌年に起稿し、今回漸く曲りなりにも脱稿したものである。(14)

ここには下巻脱稿にいたる難渋した執筆過程はいわれていても、それがいかなる事情によるのか、「事情はそれに幸しなかつた」という曖昧な言葉でしかいわれていない。この曖昧な言葉で当時の読者はすべてを了解したのだろうか。しかし解説者金子武蔵がこの言葉を、「むろん戦時中の生活の窮迫を意味する」[15]としていることからすると、和辻は下巻の執筆を困難にさせた外的事情についてはほとんどいっていないといっていい。日本の敗戦という国家的挫折を、和辻は己れの倫理学の体系的完成という企図の挫折の因として受け取ることを拒否したのである。彼は挫折したのではない。彼はただ修正をしたのである。敗戦の翌年、下巻の執筆が始められたその時期に和辻は中巻第四刷の刊行に当たって中巻の修正をほどこした。「今度第四刷りを印行するにあたり、著者はところどころに修正の手を加えた。誤謬の訂正や、表現を正確にするための変更のほかに、最後の第七節の後半にはやや長い修正が加えられている」と、中巻第四刷版の「序言」[16]に書いている。第七節「国家」の「やや長い修正」は、「目下の未曾有の大転換期に際して深刻な反省を促されたためである」といっているが、しかし和辻によってなされたのは修正なのである。この中巻第四刷版の「序言」には、昭和一七年版の「序言」も修正されたまま残されている。たしかにそこからは「大東亜戦争」という「未曾有の大事件」をめぐる言及は削られた。だが下巻を予告する言葉は、わずかの修正をしてそのまま残されている。「本書において最後に国家の問題を取り扱っているが、しかしこの章では問題はなほ一般的であって、わが国の国体や、世界におけるわが国の使命などに論及してはいない。これらの問題は下巻において、人間存在の原理をさらに風土哲学、歴史哲学に展開した後に、詳細に取り扱われるはずである」と。何が修正されたのか。旧版の「我国の国体や、世界に於ける我国の独特の使命」という文章から和辻は「独特」という一語を消している。たしかにこれはただの語句的修正である。だがこの一語の削除のうちに、下巻の執筆が難航し、戦後における再起稿を余儀なくされた事情が見えているではないか。「世界に於ける我国の独特の使命」ということと、「世界におけるわが国の使命」ということとの間には天と地との開きがある。和辻はこれをただ修正しただけだといった。そして和辻の後継者も解説者もこの戦後的修正を容認し、和辻における戦前からの無比の一貫性を称賛した。中巻と下巻との間にある変化について金子武蔵は、「しかしこれは、重点のおきかたの変化であって、原理的な変化ではない、即ち変更ではなくして変容である」といっている。彼も和辻にあるのはただの修正だというのである。だが修正をいうことによって、何を拒否したのか。和辻とともにその後継者も解説者も、一九四五年の日本の挫折に直面することを拒否したのである。拒否されたのは日本の国家的挫折であるとともに、和辻倫理学の挫折でもあったであろう。

われわれはいま昭和とともにこの和辻倫理学という過剰な体系を読み直さねばならない。いまとは、和辻倫理学が立ち上がった昭和初期の世界状況が痛切に想起されている現在である。

2

和辻は倫理学を作り直す

既知の倫理学とは何か

倫理学は吾人の行為を研究する学科なり。道徳的判別は吾人の行為に就いて為さるる判別なり。

大西祝『倫理学』

出発点に於ては我々はただ「倫理とは何であるか」といふ問の前に立つてゐる。

和辻哲郎『人間の学としての倫理学』

1 「倫理とは何であるか」という問い

和辻が『人間の学としての倫理学』を岩波全書の一冊として世に送ったのは昭和九年(一九三四)の三月である。彼はその年の七月に東京帝国大学文学部の倫理学講座を担当する教授に就任する。そこからこの『人間の学としての倫理学』は、和辻の東京帝大教授としてのデビュウを飾る書だといわれるのである。たしかにこの書はそのタイトルといい、展開の構えといい、新たな面目をもった倫理学の登場を世に知らせるに相応しい装いをもっている。だがこの書はそれに先立つ論文「倫理学――人間の学としての倫理学の意義及び方法」(昭和六)をもつこと、したがってこの書による和辻倫理学の出発とは、むしろ再出発というべきものであることについてはいまここでは触れない[1]。ここではあくまで和辻倫理学の新たな面目をもった出発を世に告げたものとしてこの『人間の学としての倫理学』を見ておきたい。和辻はこう書き始めている。

倫理学とは何であるかといふ問に答へて、それは倫理或は道徳に関する学であると云ふならば、そこには一切が答へられてゐると共にまた何事も答へられて居らない。倫理学は「倫理とは何であるか」といふ問である。……出発点に於ては我々はただ「倫理とは何であるか」といふ問の前に立つてゐる。[2]

倫理学とは「倫理とは何であるか」という問いであるとは、まことに新たな倫理学の出発を告げる書に相応しい根柢性をもった問いである。これは倫理的判断や道徳的規準をめぐる問いとはレベルを異にしている。むしろそれらの判断や規準の根柢をなすような「倫理そのもの」への問いである。やがて書かれる和辻の主著『倫理学』上巻の序文で、「倫理学の任務は倫理そのものの把捉であつて、誰がどう考へたかといふことの穿鑿ではないのである[3]」という「倫理そのもの」への問いである。それに答えることが倫理学を成していくような問いが、「倫理とは何であるか」という問いである。それは倫理という概念への問いであり、その答えとしての概念的記述が倫理学そのものをも成していくような問いである。ところでこのような特定概念についての根柢的な問いは、既知の、あるいは既存のそれをもう一度根柢的に問い直す形で設定されるものである。一般に「それとは何であるか」と問われる「それ」が例えば「政治」であっても、それ（政治）は決して未知のものではない。政治的事象はわれわれにおいて既知のものとしてあり、それによってわれわれは何らか政治という概念をすでに構成しているのである。したがっていま「政治とは何であるか」という問いが立てられるとすれば、それは既知の、あるいは既存の政治概念を問い直そうとするものであるだろう。その問いの根柢性によって、政治学そのものの革新が期待されるであろう。和辻がいま出発点において「倫理とは何であるか」という問いの前に立つというとき、彼もまた既知の、あるいは既存の倫理概念や倫理学を問い直そうとしているのである。このことの理解は重要である。和辻倫理学とは、昭和日本で問い直された倫理学である。それは問い直すべき既知の倫理学をもっているのである。

2　既知の倫理学とは

「出発点に於いて我々はただ「倫理とは何であるか」といふ問の前に立つてゐる」という言葉に先立って和辻は、「倫理学は倫理的判断の学であるとか、人間行為の倫理的評価の学であるとかと定義せられる。しかし倫理的判断とは何であるか、人間行為とは何であるか、倫理的評価とは何であるか。それは既知量として倫理学に与へられてゐるのではなく、まさに倫理学に於て根本的に解かるべき問題なのである」といっている。これは分かるようで分からない文章である。私なりに解きほぐしてみよう。和辻は、「倫理学は倫理的判断の学であるとか、人間行為の倫理的評価の学であるとかと定義せられる」とまずいっている。これは既存の倫理学の一般的な定義である。ところでいまその倫理学が自らを定義している「倫理的判断」について、それは何かと問うたとする。しかし「倫理的判断とは何か」を問うことは、人の行為の良し悪しという判断の根柢を問うことであり、究極的には和辻がいう「倫理とは何であるか」の問いに行き着くことになるだろう。この根柢的な問いへの答えは、しかしどこにも与えられてはいない。倫理学が己れ自身で答えていくしかないと和辻はいうのである。

この文章は、一般的な定義における既存の倫理学を前提にし、その批判を通じて、倫理学は「倫理とは何であるか」という問いを己れの根本的な課題とすべきことをいうのである。しかしこの文章には二つの倫理学があると見るべきだろう。一つは一般的な定義における倫理学であり、もう一つは「倫理とは何であるか」に答えることを己れの根本的な課題とする倫理学である。和辻倫理学とはいうまでもなく後者である。そしてそれは問い直すべき倫理学をもっているのである。それが前者である。しかしそのことは彼の文章では明示されていない。彼の文章が分かるようで分からないのはそれゆえである。

和辻は「倫理とは何であるか」という問いが、既知の倫理なり倫理学を前提にし、それらを問い直すものであるとは決していわない。ただしさりげない和辻の言葉がわれわれにそれを知らせるのである。さきの「倫理学は倫理的判断の学であるとか、人間行為の倫理的評価の学であるとかと定義せられる」という言葉もそうである。これは既存の一般に承認せられている倫理学の定義である。ところで『人間の学としての倫理学』に先行する論文「倫理学」で和辻は、マルクスからコーヘン、カント、そしてアリストテレスにいたる倫理学・人間学的諸説を歴史的に遡るように検討した上でこういっている。

我々は以上の歴史的考察に当つて「倫理学」といふ日本語を単純に Ethik の同義語として取扱つて来た。それは明治中期に始まつて今や一般に承認せられてゐる用法である。しかし我々はその倫理学を人間の学として規定した。即ちそれは人間をその個別性・多数性・総体性に於て把捉する学である。

彼はここで語の用法として、ヨーロッパにおけるEthikの同義語としての「倫理学」が明治中期以降、昭和の現代にいたるまで一般に承認せられて用いられているといっている。和辻がEthikの同義語という「倫理学」とは、実は翻訳語である。「倫理学」がEthik (ethics) の翻訳語であることについては私は別にのべたが[4]、ここでもふたたび触れるだろう。「倫理学」と「倫理」とが翻訳語として成立することによって、すなわちヨーロッパの倫理学《エシックス》が翻訳的に導入されることを通じて、東洋倫理・東洋倫理学がその反動として構成され、記述されていくのであって、その逆ではない。ともあれ和辻がEthikの同義語だという「倫理学」とは翻訳語であり、その実体としてあるのはEthik (ethics) の翻訳的導入からなる倫理学である。和辻が語の用法として「明治中期に始まつて今や一般に承認せられてゐる」という倫理学の実体とは、ヨーロッパ流の倫理学《エシックス》である。彼はこの倫理学を「人間の学」として規定し直すというのである。

和辻がこの論文で「人間の学」として規定し直すといったことを、『人間の学としての倫理学』では「倫理とは何であるか」という根柢的な問いをもって問い直すといっているのである。二つの著述におけるこの差異がもつ意味については、あらためて考えねばならない[5]。しかし両者において問い直されるものは同じである。それは「明治中期に始まつて今や一般に承認せられてゐる」ような「倫理学」の語をもって存在する倫理学すなわちエシックスである。「倫理とは何であるのか」という問いによって何が問い直されるのか。問い直されるのは既存の倫理学すなわちエシックスである。和辻がさりげなく挙げた例証における倫理学、すなわち「倫理的判断の学であるとか、人間行為の倫理的評価の学であるとかと定義せられる」学とはこの倫理学《エシックス》にほかならない。

「倫理とは何であるか」という問いによって問い直されるのは、エシックスの導入とともに構成された倫理学であり、倫理概念であるのだ。

3　倫理学とは何であったか

和辻倫理学と称される倫理学の形成作業、さきに挙げた論文「倫理学」から『人間の学』を経て主著『倫理学』にいたる、昭和の戦前から戦中・戦後にかけての約二〇年にわたる倫理学の形成作業は批判的モティヴェイションをもった作業である。それは昭和における倫理学の問い直しと、作り直しの作業である。われわれにポスト昭和のいま和辻倫理学を読み直す意味を与えているのもそこにある。出発点に「倫理とは何であるか」という問いを立てること自体が、そこから始まる作業が既知の倫理学の根柢的な問い直し、作り直しであることを告げていた。だが問い直される既知の倫理学とは何かを、和辻はほとんどいわない。既知の倫理学とは、あたかも無視されているかのように空白のままである。その空白を埋めているのは、マルクスからアリストテレスにいたる、あるいはその逆にアリストテレスからマルクスにいたる倫理学的・人間学的考察であり、それらの批判的検討である。(6) あるいは和辻における「倫理とは何であるか」という原初的な問いの姿勢が、既知の倫理・倫理学を空白のままに打ち置いてしまうのかもしれない。ただ『倫理学』上巻の「序言」で和辻は「在来の倫理学書の弊風」をこういっている。

その弊風といふのは、徒に既成の倫理学書の定義や概念を並べ立てて、その整理を以て能事了れりとすることである。更に甚だしい場合には、右のやうな概念整理の書の紹介を以て能事了れりとするものさへもある。然し倫理学の任務は倫理そのものの把捉であつて、誰がどう考へたかといふことの穿鑿ではないのである。

これは僅かに見出される既知の倫理学についての言及である。この僅かな言及によってわれわれは空白の既知の倫理学を窺い見るしかないだろう。和辻はここで「徒に既成の倫理学書の定義や概念を並べ立てて、その整理を以て能事了れりとする」ような倫理学書がもつ外観的スタイルを否定的にいっている。たしかに大正から昭和初年という時期を限って大学図書館や研究室の倫理学関係の書架を見るならば、和辻がいうようなスタイルをもった大部の倫理学書を何冊も見出すことができるはずである。だがこれらの書物はもうとっくに処分されてしまって、図書館の書架から消えてしまったかもしれない。その場合は古書店・古書市で探し出すしかない。私は吉田静致（一八七二―一九四五）

の一二〇〇頁を超える大著『倫理学要義』[7]をある古書市で二東三文の安値で購入した。その『倫理学要義』の奥付には「大正一四年三月廿五日十二版発行」とある。大正二年（一九一三）に刊行されたこの大部の倫理学書は毎年のように版を重ねていたのである。明治末年から大正をはさんで昭和にいたる時期は、こうした大部の倫理学書をともなった倫理学の最盛期であったようだ。もともと東京高等師範における中等教員講習会の講義録からなるこの書は、師範学校生によって多く読まれていったのであろう。このことは近代日本の学校教育体系において占める倫理学の位置と性格とを示すものである。倫理学は師範学校をはじめ高校・大学などにおける教員養成用の教科あるいは科目としてまず存在し、存在し続けたと推定されるのだ。私がいう既知の倫理学とは、近代日本の教育体系のうちにそのような位置と性格とをもって存在していたのである。

ではこの大部な倫理学書はどのような内容からなるものなのか。その目次を見れば、「倫理学とは何ぞや」から始まって、「行為及び品性」「意志の自由」「目的と善悪の区別」「動機論と結果論」など倫理学的な考察対象や倫理的問題が列記され、さらに「功利説の立脚地としての快楽説」「進化論的快楽説」「直覚説」「形式的倫理説」「禁欲説」などの倫理学的諸説が挙げられ、やがて徳論に移り、「節制」「勇気」「叡智」「正義」「仁愛」などの徳目が並べられ、そして「科学としての倫理学」「倫理学の哲学的基礎」「宗教と道徳」の総論的な章をもって終えられている。その総頁数は一二八四頁に及ぶものである。これは倫理学（すなわちエシックス）の教科書的集大成といっていい。教科書的であるとは、倫理学が学生にとってまったく外部から与えられる教科としてあることを意味している。

その教科が教員になるための必修のものであるとすれば、その与えられ方は強制であったということである。倫理学は近代日本の教育体系において強制的な外部的な教科という性格をもってあったのである。さらにその外部性は、倫理学とはエシックスの翻訳的な教科であることによっていっそう強められる。既存の倫理学書が和辻がいうように、「徒に既成の倫理学書の定義や概念を並べ立てて、その整理を以て能事了れりと」しているのは、近代日本における倫理学のこの性格によるのである。

4　倫理学の成立

「倫理学」という語はEthik、ethicsの翻訳語として明治一〇年代に成立する。井上哲次郎（一八五五―一九四四）らは西洋語に対応させながらわが哲学系語彙を翻訳的に確定していった。彼らの編集する『哲学字彙』[8]によれば、Ethik、ethicsの訳語は「倫理学」とされ、その訳語に用いられた「倫理」の語の由来を「礼楽記、通于倫理。又近思録、正倫理、篤恩義（礼・楽記に、「倫理に通ず」。又近思録に、「倫理を正し、恩義を篤くす」）」と記している。「倫理学」という語はヨーロッパのエシックスの翻訳語である。その翻訳語としての成立をいうのに、「倫理」という語が中国の漢語体系に、あるいは儒家典籍に見出されるものであるかどうかとは本質的な問題ではない。旧漢語「倫理」は新漢語「倫理学」に借用されただけである。ほとんどの翻訳語彙としての新漢語すなわち近代漢語は、新たに造語されたもの以外は旧漢語の転用ないし再生として成立するのである。翻訳語「倫理学」の成立とは、翻訳的学術体系としての倫理学（すなわちエシックス）の成立を意味している。倫理学とは、他の人文・政治社会・自然の諸科学や医学とともに一九世紀後期の日本にヨーロッパ倫理学《エシックス》の翻訳的転移として成立するのである。その語彙の上にわずかに儒家的伝統の残り香を漂わせながらも、倫理学は近代の倫理的規範の学として成立するのである。この新たな倫理学が新たな倫理概念を導くのである。旧儒家的倫理概念が新たな倫理学を導くのでは全くない。新漢語である「倫理学」が新漢語「倫理」をも導き出すのである。このことの認識は重要である。この認識は、やがて和辻における「倫理」という言葉をめぐる解釈学に重大な疑義を提出することになる。

明治の哲学界を回顧するものによって必ずその早すぎた死が惜しまれる大西祝《はじめ》（一八六四―一九〇〇）の全集中の一巻に『倫理学』(9)がある。これは『良心起源論』のような彼の著述ではなく、講義録である。大西は明治二四年（一八九一）から東京専門学校（後の早稲田大学）で論理学・倫理学・西洋哲学史など哲学関係の講義を担当した。『倫理学』はこの講義録を原本とし、大西の死後に残された草稿と併せて全集の一巻として編集されたものである。全集の編者はこの『倫理学』は、『論理学』や『西洋哲学史』とともに「もと早稲田大学の需《もと》めに応じ、其の講義に掲げられしものにて、先生の蘊蓄を悉くされしにはあらず」と記している。これは著作としての完成をもっていないと編者はいうけれども、しかしこの講義録は一〇〇年後の私のような読者にもある感銘を与えうる力をもっている。それは文章を通して伝えられる大西の、自らの哲学的課題に真摯に、そして全力をもって向き合った姿勢である。この姿勢は清沢満之《まんし》（一八六三―一九〇三）の『宗教哲学骸骨』などの初期の文章が伝えるものと同種である。彼ら明治の若き哲学者に共通する姿勢である。あるいは清沢と大西とは時を同じくして東京帝大文科大学の哲学科の教場で机を並べていたのかもしれない。大西が真摯に向き合った倫理学的課題とは何か。

政治学が吾人を見るは、ただ相団結して一国民をなせるの状態に於いてし、倫理学が吾人を見るは、各個人が道徳的行為をなし得べきの一切の関係に於いてす。……倫理学は吾人が存在する一切の状態に於いて（個人と個人との関係、個人が一社会・一国家に対する関係及び個人が全人類に対する関係等凡べての関係に於いて）各人の達すべき倫理上の目的の何なるかを定むるものなりと云ふを得べし。(10)

ここでは政治学と区別する形で倫理学的課題がのべられている。これは近代倫理学《エシックス》がしてきた区別である。大西もこの区別に立っている。しかしここでのべられる倫理学的課題とは、新たに形成されねばならない日本近代市民社会のための倫理学的な課題である。求められているのは、われわれ個々人が隣人との関係の中で、あるいは社会や国家との関係の中で正しく目的を設定し、是非善悪を判別して行為しうる倫理的な主体としての市民になることであり、それを導き、それを可能にする倫理学である。倫理学とは、大西にとって借り物のごとくカリキュラムを構成している教科ではない。近代倫理学《エシックス》における哲学的な思惟と方法とは、大西にとってそれは学生とともに己れのものにしなければならない課題であった。同時にそれは近代日本の課題でもあった。大西の『倫理学』がわれわれに与える感銘は、この課題に真剣に、全力をもって応えようとした明治の若き哲学徒の情熱によるのである。それは明治の日本人を倫理的主体の形成に向けて革新していこうとする学的な情熱だということができる。このとき倫理学という教科は、たとえそれがヨーロッパから受容された倫理学《エシックス》であっても、学生たちにとってそれは決して外部から強制されるよそよそしい教科ではない。大西の姿勢は同時に学生たちのものでもあったのである。

5　この奇妙な併存

「倫理学」というエシックスの翻訳語を決定し、自らも『倫理新説』[11]という近代日本で最初の倫理学的テキストを作成した井上哲次郎が、明治末年に自著『国民道徳概論』の冒頭でその倫理学の現状を批判していっている。

今日の倫理学は西洋の倫理学者の建設しましたもので、其学科の研究法に依つて継続して行き居る為に、ツイ其型を脱する事能はずして、国民道徳は自然疎外して研究を怠るといふやうな事が出来て居ります。……兎角西洋の学者のやつた型を追うて行くばかりになつて居りますから、国民道徳といふものは眼中に無いやうな有様であります。どうも倫理学説が借物のやうになつて、十分生々とした精神を以て働かないかのやうな者も少く無いのであります。[12]

井上の『国民道徳概論』は、明治四四年（一九一一）七月に文部大臣の委嘱によって東大で行われた中等教員のための連続講義を基にしたものだとされる。その前年から井上は国民道徳論の連続講義を各所でしているが、これらの講義と講義録『国民道徳概論』の刊行とによって国民道徳論は高等学校および師範学校の必須科目とされるにいたったと井上はみずから序言[13]に記している。この井上による連続講義が行われた明治末年の日本社会は大逆事件（一九一一・検挙開始）の衝撃の中にあった。井上を継いで国民道徳論の指導的な講説者となった倫理学者深作安文（一八七四—一九六二）は、この大逆事件と南北朝正閏論[14]とが思想界・教育界を揺るがし、国家主義の風靡をもたらしたといっている。[15]もちろん深作は一時の国家主義が国民道徳論を作り出したりするものではないというが、国民道徳論の教育制度的な導入の時代背景を彼は正直に語っている。帝国主義的国家としての日本の再編が進められた明治末年という時代が、国民道徳論の興起をもたらすのである。ところでいま一方で国民道徳論を高調する井上が、他方で倫理学の日本にとっての外部性と精神を失った学説展開の現状を批判しているのである。たしかに倫理学《エシックス》はその導入の当初から、日本社会にとっての異質性がいわれ、西村茂樹（一八二八—一九〇二）らによって「日本道徳論」が対抗的に主張された。[16]井上の国民道徳論がこの日本道徳論の系譜を引くものであることに間違いはない。だが明治末年のいま国民道徳論は、かつて倫理学《エシックス》を導入し、現になお倫理学を教壇で講じている倫理学者の口から唱えられるにいたったのである。その倫理学者とは深作安文であり、吉田静致などである。彼らは倫理学者であり、同時に国民道徳論者であるのだ。彼らは師である井上から指弾されたその倫理学を、国民道徳論とともに教壇で講じ続けるのである。ここには奇妙な併存的事態がある。

吉田は『倫理学要義』で国民道徳に対する倫理学の位置についてこういっている。「我国に於ては、過去より現在将来に亘りて、国民として永久に遵守すべき国民道徳と云ふべきものが、ちゃんと厳存し、永劫動かざるものがありまして、我等の実践すべき道徳の内容は明かに示されて居るのである。けれども、其国民道徳の倫理的根拠を明確にして置くと云ふことは、極めて必要である。さうしなければ、それは充分納得せられたる道徳ではないといふことになるのである」と。永劫不滅のわが国民道徳を学的に根拠づけるものとして倫理学は存在すると、吉田は弁明的にいう。しかしその存立の正当性がわずかに弁明的にいわれるこの言辞に反して、倫理学はその大部な著作をもって自己証明するかのように堂々と教壇に存在し続けているのである。むしろ大正から昭和初期にかけての時期は、さきに触れたように、倫理学と倫理学書との最盛期でもあったのである。井上に日本社会にとっての外部性がいわれ、精神のない形骸性がいわれた倫理学は、しかしそのことで教育体系におけるその位置を損なうことはなかったのである。国民道徳論と併存して倫理学はいっそう盛んであった。日本の倫理学者は一方で国体の理念を教え、武士道を説き、他方でカントを、そしてベンサムを講じていたのである。この講壇倫理学と倫理学者のあり方はいまにいたるまであまり変わっていない。

6 「個人として如何にあるべきか」

大西祝がかつて「政治学が吾人を見るは、ただ相団結して一国民をなせるの状態に於いてし、倫理学が吾人を見るは、各個人が道徳的行為をなし得べきの一切の関係に於いてす」といったとき、彼は日本人それぞれが「道徳的行為をなし得べき」市民として形成されることを願いながら倫理学を講じていっただろう。日本人が「道徳的行為をなし得べき」一市民になることと、「相団結して一国民」になることとは、それぞれを主題とする学的領域に倫理学と政治学とを別々に構成しても、日本人にとってそれは別個の課題であったのではない。一国民になることとは、道徳的主体としての一市民になることであった。そのとき倫理学とは学生にとってもよそよそしい教科ではなかった。

だが大正二年（一九一三）に『倫理学要義』が同じく政治学と倫理学との区別をいいながら、倫理学とは「吾人が一個の人として人世に於て如何にあるべきか」を論究することだというとき、いったいこの倫理学者はこの定義をもって何をいおうとしているのだろうか。この倫理学の定義は一九一三年の日本でいかなる意味をもっているのか。著者吉田静致は他の多くの日本の倫理学者と同様にイギリスの功利主義系の倫理学者シジウィック（一八三八—一九〇〇）にしたがって倫理学を政治学から区別しながら定義している。「如何なる政治的社会を構成すべきとか、政治的社会は如何なる活動を為すべきとか、他の政治的社会に対して如何なる態度を取るべきかといふやうに、団体的活動として現はるる人間の行動に就て研究するのが政治学の主要なる職分である」とした上で、倫理学をその課題と領域についてこう定義していうのである。

倫理学も、同じく人間の行動に就て規範的に研究するのでありますけれども、之は政治学と異りて、人が一個の人として如何に行為すべきか又如何なる品性を作るべきかといふやうに、個人として如何にあるべきかと云ふ事を規範的に研究するところの科学であります。

吉田はこの個人は「単独的なる孤立したる個人」というものではない、「我」とは社会的関係を離れない「社会我」であるといった補正を大急ぎで付け加えながら、「倫理学とは社会我たる各個人の行為及品性が道徳上如何にあるべきかを論定する科学なり」といい直したりする。しかしこの大急ぎの補正も、ただ倫理学が社会における個々人の行動をめぐる規範の学であることをあらためて確認したにすぎない。つまり一九一三年の日本に行われている倫理学とはもともとイギリスの近代市民社会を前提にした倫理学《エシックス》であることをこの定義はいっているのである。倫理学《エシックス》とは近代市民社会における個々人の行動原理なり規準を導く学的手続きである。シジウィックは倫理学の方法とは、「個々人が何をなさねばならないか、あるいは彼らにとって何が正しいかを決定するための合理的な手続き」[17]であるといっている。ちなみにシジウィックは政治学の課題を、「政府によって統合されている社会の正しい構成と、正しい公的行為とを論定する」ことにあるというのである。吉田はいまその政治学から区別された倫理学、すなわち社会における個々人の倫理的行動原理なり倫理的規準を導く学的手続きである倫理学の総体を『倫理学要義』という大部なテキストとして学生たちに与えるのである。これは中等教員になるための必須科目倫理学のテキストである。これは何なのか。なぜ学生たちにこの倫理学が与えられねばならないのか。

『倫理学要義』が版を重ねていった大正期の日本は、大西が倫理学を講じた明治中期の日本ではもちろんない。深作は大逆事件を挙げて明治末年における時代思潮の変化をいっていた。しかし大正への時代の転換を告げたのは、日比谷事件（一九〇五）であった。日比谷事件とは対露講和条約の締結に反対する国民大会が禁止されたことから起きた警官との衝突事件が民衆を巻き込んで暴動化したものである。「よろしく五十億内外の償金を要求し、彼若し応ぜずんば断然講和を停止し、永久戦の覚悟を復すべきのみ」という排外・膨張主義的に戦争継続をいう言論人の反政府的主張に、戦争負担と犠牲を強いられ、いつでも爆発しうる不満を蓄積させていた都市低層の住民が同調して起こした暴動である。これはやがてくる大正という時代と社会とを予告するような事件であった。ここではまだ暴徒というアモルフな姿をとっているが、やがてそれは反政府（反藩閥政府・明治的国家体制）的な側面をもちながら、己れの要求をもって集合し、運動していく民衆・国民の登場を予告しているのである。だがこの要求する民衆の運動は決して反・帝国日本ではない。むしろ帝国日本の膨張を支持するのも彼らであった。要求する民衆の運動を大正の用語にしたがって民本主義[18]というならば、それは日本の帝国主義と同調し、併存するのである。成田龍一は「大正デモクラシー」を「帝国のデモクラシー」と呼んでいる[19]。大正とは帝国主義と民本主義とが同調しながら、帝国としての日本の国家形成の主張たりえた時代である。われわれは社会における個人としていかなる倫理基準にしたがって行動すべきかを説く近代倫理学が、われわれ日本人として国家的観念と国民意識とをいかに涵養すべきかを教える国民道徳論とともに必須教科として併存し、同じ倫理学者によってそれぞれに講じられていった事態をこの大正という時代を背景にして辛うじて理解することができる。

だがそう理解したからといって、この倫理学をあの要求する民衆に応える新たな社会における倫理的原理の提示だというのではまったくない。この倫理学は教育制度として国家の側から学生たちに与えられる教科であった。モダニゼーションとは帝国日本の国家としての要請でもあったのである。国民は同時に公的世界を自覚的に担いうる一個の近代的公民でなければならないのである。日本人を近代公民として育成するための授業は中等教員に課せられた必須の課題であった。倫理学がたとえ借り物の倫理学《エシックス》であり続けても、そして倫理学書がただ「既成の倫理学書の定義や概念を並べ立てて、その整理を以て能事了れりとする」ものであったとしても、大正とはこの近代倫理学の最盛期であったのである。

和辻は出発点において「倫理とは何であるか」という問いの前に立っているといった。「倫理とは何であるか」とは、既知の倫理概念と倫理学とを問い直そうとする問いである。だが和辻は原初的な、根柢的な問いの構えを見せるようにして、問い直される既知の倫理も倫理学も空白の中に伏せていた。和辻の「倫理とは何であるか」の問いの前に立つ私がまずなさねばならないのは、この空白の中に伏せられた既知の倫理と倫理学とを顕わにしてみることである。しかしそれらはすでに図書館の書架からも廃棄されてしまった代物でもある。このほとんど無意味として廃棄されてしまった代物が、かえって和辻倫理学のかつてない企てを明らかにするのである。すなわち外部的な、よそよそしい倫理学を、昭和のわれわれの倫理学へと作り直そうとする大きな、革新的な企てを。

3

マルクスからの始まり

和辻倫理学の隠された出発

人間の学たる倫理学が人間の道徳意識をその主題とすべきではなくしてかかる意識の現実的地盤たる社会的存在を主題とすべきであることも明らかにされる。

和辻哲郎・論文「倫理学」

1　マルクス――和辻と三木

和辻倫理学は「倫理学――人間の学としての倫理学の意義及び方法[1]」という始まりの論文をもっている。この論文は、昭和六年（一九三一）一二月に岩波講座『哲学[2]』の第二回配本分に収録されて公表された。和辻はこの論文をマルクスの人間観の検討から出発させている。だがその三年後昭和九年の『人間の学としての倫理学[3]』の刊行とともに、恐らくその草稿として論文「倫理学」は遺棄されたようである。すでにふれたように『人間の学』は、「倫理とは何であるか」という問いとともに始まるのである。だが論文「倫理学」は、「もし人間が自然対象として他の自然物と同一の資格に於て考察さるるならば、人間を人間として規定するところの人間的な存在の仕方は眼界を逸する」と書き始められている。和辻は唯物史観と批判的に交錯しながらマルクスの人間観を再検討しようとしているのである。ともあれ論文「倫理学」はマルクスから始まるのである。

和辻の論文「倫理学」が公表されたのは昭和六年である。その年の三月に和辻は京都大学の倫理学講座担当の教授に任ぜられる。それに先だって和辻は昭和二年（一九二六）二月にドイツ留学のために日本を出発するのである。和辻が帰国したのは翌年昭和三年の夏である。恐らく帰国後一、二年の間に論文「倫理学」は執筆されたのであろう。いまここで私が論文「倫理学」の執筆時期を推定しているのは、『全集』から、そして「年譜」からも消えてしまっているこのマルクスから始まる論文「倫理学」を昭和初年の時代の中にしっかり置いてみたいからである。[4] 恐らく論文「倫理学」の執筆時期は昭和三年の帰国以降、同六年に至る時期であるだろう。ところでこの論文が収録される岩波講座『哲学』の編集は西田幾多郎の名になっているが実質的に編集を担当したのは三木清である。その三木が羽仁五郎宛の書簡で、「私はあれ以来随分遽《あわただ》しい日を送った。雑事に時を奪はれることが多かった。それでもその間に私は私の唯物史観に関する解釈をどうにか作り上げることが出来た。……その第一のもの、「人間学のマルクス的形態」は大体の草稿も出来た。『思想』の六月号に載せる筈である[5]」と書いたのは昭和二年三月二二日である。「年譜[6]」によればその年に三木は法政大学教授を委嘱され、東京に移転している。上京とともに三木は岩波書店に定期的に出向き編集に協力することになったという[7]。そして六月にはたしかに「人間学のマルクス的形態」が『思想』に発表された。続いて八月には「マルクス主義と唯物論」が、一二月には「プラグマチズムとマルキシズムの哲学」が同じく『思想』に発表される。京都の哲学的世界から外された三木は、東京の学術と言論的世界に新たなマルクス理解をもって登場するのである。昭和二年のこの時期、和辻はドイツのベルリンにいた。その夏のベルリンで和辻はハイデガーの『存在と時間』を読んでいる。ハイデガーのこの書はその年の二月にドイツの哲学・知識世界における話題の新刊書として登場していた。和辻倫理学におけるハイデガーがもつ意味は、「倫理とは何であるか」というもう一つの、あるいは仕切り直された出発の問いにかかわりながら、あらためて考えられなければならない。ここではマルクスである。ドイツに滞在する和辻が三木のこれらのマルクス主義にかかわる論文を知っていたかどうかは分からない。帰国してから知ったのかもしれない。しかし三木のこれらの論文を和辻が知る知らないにかかわらず、和辻がマルクスに関心を寄せる時期に、すでに早く三木のこれらの論文は公表されているのである。和辻は論文「倫理学」のマルクスの「フォイエルバッハに関するテーゼ」からの引用に当たって、彼は注にドイツ語文献とともに三木清訳『ドイッチェ・イデオロギー』(岩波文庫)[8]を挙げている。この三木の訳が出たのは昭和五年七月である。これは和辻における三木との接点を具体的に示す僅かな例である。

私が和辻におけるマルクスに言及しながら三木を挙げていうのは、両者の間に影響関係を推定するためではない。もちろん和辻が関心をもって三木の仕事を見ていたと推定しても、それは少しもおかしいことではない。和辻は三木より八歳年長であるが、彼が京都にいた大正末年から昭和初年にかけての時期、留学帰りの英才三木は京都哲学界の話題の中心にいたのである。しかし両者における影響関係の有無はどうでもよい。大事なことは、和辻の思想的視野にマルクスが存在するようになるのは三木とともにであることだ。日本のアカデミズムにマルクスとマルクス主義がはっきりと現前するにいたるのは昭和初年のこの時期である。それは経済学だけのことではない。哲学や歴史学も世界史的現代に正面しようとするかぎり、マルクスと唯物論・唯物史観との批判を含めて、それとの理論的交渉ぬきにはありえなくなっていたのである。だが昭和初年のアカデミズムにマルクス主義が現前していく過程は、同時に権力による大学への思想弾圧的な介入過程でもあった。三木が共産党シンパ事件で中野重治・山田盛太郎らとともに最初に検挙されたのは昭和五年五月である。七月には山田盛太郎と平野義太郎とが東大を辞職するにいたる。国家権力との緊張関係をもちながらマルクスは日本の学術的言説に浸透する。和辻はそのマルクスによって人間学的視点を構成するのである。そして和辻のその構成は、時期的に先立つものとして三木清の「人間学のマルクス的形態」をもっているのである。和辻における人間学的な視点の構成に、マルクスとともに三木があったといってよいかもしれない。われわれはまず三木の「人間学のマルクス的形態」から見てみよう。

2 三木とアントロポロジー

三木の最初のマルクス主義理解にかかわる「人間学のマルクス的形態」や「マルクス主義と唯物論」などの論文は『唯物史観と現代の意識』にまとめられ、昭和三年に岩波書店から刊行された。『三木清全集』に収録されたこの書を解説して久野収は、「著者（三木）は、哲学研究を通じてマルクス主義への積極的通路を開拓した最初の学者であり、『唯物史観と現代の意識』は、著者のこの努力の最初の学問的収穫である」(9)といっている。さらに久野はこれらの論文における三木の立場を説明して、「著者が解こうとしたのは、自然科学や認識論への依存を脱却した地点で、マルクス主義の哲学をどうすればフレッシュに発展させられるか、という問題である。マルクス主義の自然科学的基礎づけや認識論的基礎づけだけを重視するのは、哲学の近代主義的伝統を自明の前提としてうたがいをもたないからである」といっている。

「人間学のマルクス的形態」とは十分に人を惹きつけるに足るタイトルである。だが同時にそれは三木のマルクスに対するスタンスを疑わせるタイトルでもある。三木の名をはじめて世間に知らしめたのは処女作『パスカルに於ける人間の研究』[10]であった。これはマルクス主義をめぐる論文が発表される前年、大正一五年(一九二五)に岩波書店から刊行されている。この書によって三木は人びとの知るところとなったのである。それゆえパスカルやフッサールからマルクスへという三木における思想関心の転換は当時の知識・思想世界を驚かせることであった。新聞は「あまりにもめざましい方向転換」と評した[11]。しかし三木本人もいうように[12]、また当時の彼の哲学的関心や研究動向を知るものがいうように、そこには「めざましい方向転換」などはない。そして私のような和辻との関連だけで三木を見ようとするあまり熱心ではない読者も、そこに転換と呼ばれるようなものを見出さないのである。転換のないことがむしろ奇妙に思われるのだ。三木はマルクスに対することで思想転換することはなかったのか。

「人間学のマルクス的形態」というタイトルは、三木にはすでに「人間学」という概念が存在することを語っている。彼はこれを「アントロポロジー(あるいはアントロポロギー)」と表記する。このアントロポロジーとは三木のパスカル研究を通じて構成された概念である。「『パンセ』に於いて我々の出逢ふものは意識や精神の研究でなくして、却て具体的なる人間の研究、即ち文字通りの意味に於けるアントロポロジーである。アントロポロジーは人間の存在に関する学問である。それはこの存在に於てそれの「存在の仕方」を研究する」と三木はその処女作の序文でいっている。同時に三木はパスカルを解釈するに当たって用いた方法について、「それを最も平易な形式で現せば斯うである。概念の与へられてゐるところではそれの基礎経験を、基礎経験の与へられてゐるところではそれの概念を明らかにするのが解釈の仕事である」という。パスカルは、人間が世界の裡に在って世界と出会い、そして世界を感じることによって自己を感じとるという人間的基礎経験との深い交感からなる思索を、人間存在をめぐる反省的断章として綴っていったのである。三木がいう人間的基礎経験の解釈学的な概念化としてのアントロポロジー、すなわち人間の研究とは、たしかに『パンセ』を哲学的に解読する方法であった。だが三木がパスカルを読んだ方法、すなわちアントロポロジーは、そのままマルクスを読む方法でもありうるのか。

「人間学のマルクス的形態」を読むものを戸惑わせるのは、まずそこにアントロポロジーをめぐる長い方法論的な序章があることである。これを読むとき、マルクスをめぐる本論は一体いつ始まるのかと苛立つ思いがする。いつマルクスかと人を苛立たせる長い序章、それがすでにマルクスなのである。人間の基礎経験とその概念化（ロゴス化）とをめぐる三木におけるパスカル理解の方法論が、あらためてここでマルクス理解の方法論として再構成され、展開されているのだ。「基礎経験」をめぐって三木はこう説く。

それはひとつの全く単純なる、原始的な事実に対する概念である。私は在る、私は他の人々と共に在り、他の事物の中に在る。これを経験の最も基本的な形式と見倣すとき、私は私以外の事物及び人間の存在そのものが私の意識に依存する、とは主張してゐないのである。

人間はいつでも他の存在と交渉的関係にあり、この関係の故に、そしてこの関係に於て、存在は彼にとつて凡て有意味的であり、そして存在の担ふところの意味は、彼の交渉の仕方に応じて初めて具体的に限定されるのである。

約言すれば、人間は他の存在と動的双関的関係に立つてをり、他の存在と人間とは動的双関的にその存在に於て意味を実現する。存在は我々の交渉に於て現実的になり、そしてそれに即して我々の存在の現実性は成立する。(13)

世界において交渉的関係においてある人間の存在の仕方を三木は人間の根本的規定といい、そうした交渉的関係構造の全体を人間の基礎経験というのである。この人間の根本的な基礎経験が人間の自己解釈(ロゴス化)を規定し、方向付けると三木はいう。そしてこの人間の自己解釈を彼はアントロポロギーというのである。「アントロポロギー(人間学)は、最初にそして原初的には、第一次的なるロゴスに属する。ここにアントロポロギーとは人間の自己解釈の謂である。」しかし人間の生の基礎経験がロゴス（アントロポロギー）を一度産出するや、今度はそれが主となって人間の生を支配するようになる。

生の基礎経験から生れ、それの把握として、表現として、この基礎経験そのものを活かし、発展させることに役立つことの出来たロゴスは、それが絶対的なる専制的なる位置を占めることによつて、今は却て生そのものを抑制し、圧迫するに到る。変化し運動する生に於ける基礎経験が或る強度と拡延に達するとき、それはもはやロゴスの圧迫に堪へることが不可能となり、却てその旧きロゴスに反対し反抗して、みづから新しきロゴスを要求する。我々はこにひとつの弁証法的な関係を発見し得るであらう。

われわれはこれ以上、三木のマルクス理解の言説を追う必要はない。私は三木を前にしてある予想をもっていた。マルクスによる人間観の転換の予想である。マルクスがフォイエルバッハのテーゼでいう、「従来の凡ての唯物論（フォイエルバッハのも含めて）の主要な欠陥は、対象、現実、感性が、ただ客体または直観の形式のもとに捉へられて、感性的・人間的活動、実践として捉へられず、主体的に捉へえられてゐないといふことである[14]」という人間観が、三木にある衝撃を与えたであろう。その衝撃がきっと三木に「人間学のマルクス的形態」を書かせたに違いない。そしてこの三木によるマルクス的人間学の記述は和辻の人間学的倫理学の構想に影響を与えるものであったかもしれないと。

だがこの私の予想は見事に裏切られた。三木にマルクスに接しての衝撃というべきものはない。彼は手持ちの概念で間に合わせているようだ。彼が「人間学のマルクス的形態」でいう人間存在の現実的基底としての基礎経験というのは、彼が「解釈学的現象学の基礎概念」でいう第一の基礎概念としての Dasein と変わらない。この両論文とも同じ時期に書かれ、同じ時期に『思想』誌上に発表されているのである。(15) 三木においてフッサール、ハイデガー、そしてパスカルとともに構成されたアントロポロジーは、いまマルクスの人間学的理解へと己れを伸展させているのである。それが久野の三木を解説していう、「哲学研究を通じてマルクス主義への積極的通路を開拓した」ことであるだろう。

3 マルクスからの出発

和辻は論文「倫理学」でマルクスから出発する。そのことは見過ごされてよいことだろうか。この始まり方をする論文「倫理学」を、ただ「倫理とは何であるか」の問いをもって始まる『人間の学としての倫理学』の前提としての、後者へと改作されていく草稿的論文として見てしまってよいだろうか。「人間の学としての倫理学の意義と方法」と副題されたこの論文における「人間」への視点を和辻に構成せしめたのは、ほかならぬマルクスではないのか。「人間の学」への和辻の構想を、マルクスから出発せしめるような思想的な接触が和辻にはあったと私は考えるのである。あるいはこれは後の和辻倫理学の形成的展開にとって隠しておきたい出発であったかもしれない。後の和辻の『人間の学』も『倫理学』もこのマルクスからの出発の痕跡を留めることはないのである。

和辻がマルクスからえたのは現実的存在としての人間的本質規定である。和辻はこの人間的本質を『ドイッチェ・イデオロギー』によりながら、彼もまたフォイエルバッハから追求していこうとする。これはマルクスにおける人間を、現象学的な概念を再構成しながら解釈学的方法をもって「アントロポロジーのマルクス的形態」として収め取ろうとする三木よりも、はるかにまともなマルクスへのアプローチである。ただ三木のためにいっておけば、『ドイッチェ・イデオロギー』の重要性を和辻に示唆したのは三木とその論文であったかもしれないということである。

もし人間が自然対象として他の自然物と同一の資格に於て考察さるるならば、人間を人間として規定するところの人間的な存在の仕方は眼界から逸する。さうしてその限り、たとひその対象が人間の名を以て呼ばれる場合でも、——例へば生理学の対象としての人間の如き、——何等倫理学とかかはるところはない。

和辻は論文「倫理学」の第一章の「一、倫理学は自然の学ではなくして人間の学である」をこう書き始めている。「人間を人間として規定するところの人間的な存在の仕方」と和辻はここでいっている。倫理学とはもちろんそうした「人間としての存在の仕方」にかかわる学である。だがここで自然認識との関係で問われている「人間としての存在の仕方」とは、従来の観念論的哲学における人間的本質の認識をいうのではない。そこにおける人間はもともと自然対象から優越的に区別された精神的存在である。ここで自然対象としての人間の認識からの区別があらためて問われる人間とは、人間が同じく感性的存在ながら、なお人間的である存在の仕方におけるものとしての人間である。その人間をマルクスは、「人間の本質は社会的関係の総体」であり、「あらゆる社会的生活は本質上実践的である」[16]というのである。和辻がこの論文の始めに書いたあの言葉は、まさしくマルクスが従来の唯物論（フォイエルバッハを含む）から区別された現実的存在としての人間を規定していこうとするフォイエルバッハ論における立場を和辻の問題意識をもって反復するものである。これを反復するとき和辻には「社会的関係の総体」という人間の本質規定がマルクスと共有されている。

マルクスは従来の唯物論から区別して社会的諸関係の総体としての人間の現実的規定をもたらした。これを反復する和辻は、人間を自然対象として認識しようとする自然科学的立場から、「社会的関係の総体」として人間の本質を規定するマルクスの立場を区別しようとするのである。かく区別されることによって社会的関係をもってその本質を規定された人間は倫理学がかかわるべき存在となるというのである。マルクスが己れの人間規定を対峙させたのは、フォイエルバッハを含む従来の唯物論の立場であった。和辻がマルクスの人間規定を対峙させたのは人間認識を自然科学的な認識と同一化させている俗流唯物論・俗流マルクス主義の立場である。だから和辻はマルクスの人間の本質規定を引きながらこういうのである。

マルクスに於ては「人間の本質は社会的関係の総体」であり、「あらゆる社会的生活は本質上実践的である。」たとひマルクスがこれを呼ぶに「自然」の語を以てしたとしても、それは対象的自然ではない。人間の意識を決定するとせられるのは、実践的な人間の社会的存在であつて自然的存在ではないのである。かかる人間と自然との区別を見分け得ないならば、マルクスに於ける歴史と自然、社会科学と自然科学との区別をも理解し得ざるに至るであらう。

和辻がマルクスのフォイエルバッハ論の反復としてここでやろうとする作業の戦略は、マルクス主義の専有としての人間の社会的存在という本質規定を倫理学の側に奪い取ろうとすることにある。これは俗流唯物論の批判とともになされた高等の戦略である。(17)「思弁的構成を離れて現実的な生活関係から出発すること、与へられた事実そのものから出発すること、それが彼ら(マルクス・エンゲルス)に於けるMaterialismusなのである。即ちmateriellとは「現実的」と同義である。だから彼らのMaterialismusを唯物論と訳するのがそもそも誤りなのであつて、むしろ「現実主義」と呼ぶ方が彼らの意味するところに近いであらう。」マテリアリズムに現実主義の訳語を与えながら和辻は、人間の社会的存在という本質規定を事実として己れの倫理学の基底に据えようとするのである。

人間の社会的存在は歴史的である。歴史的であるとは未来を予料し未来を生産して行くことに他ならぬ。また人間の社会的存在は実践的である。実践的であるとは未来の予料に於いて意志的に活動的に対象を創造し行くことに他ならぬ。予料に於いて創造するところに人間の自由性がある。さうして自由に生産する社会的人間が同時に社会に於ける個人でもあるといふ社会と個人との弁証法的関係のうちに、まさに当為があるのである。

和辻はすでに歴史的で実践的である人間の社会的存在から当為を導き出している。マルクスにおいてなお不十分な人間の社会的存在への具体的な把捉がなされるならば、「人間の社会的存在の学が倫理学たらざるを得ないこと」は明らかだと和辻はいうのである。論文「倫理学」をマルクスから始めた和辻は、はっきりとこの言葉をそこに残すのである。

和辻が論文「倫理学」をマルクスから始めるということは、従来の倫理学における人間を社会的存在であることを本質規定とした人間に置き換えてしまうことである。たとえ和辻が論文を俗流唯物論への批判に借りて展開させたとしても、彼は人間の社会的存在を事実として、人間の現実的規定としてマルクスとともに承認するのである。和辻は倫理学の主題を置き換えてしまったのである。人間の社会的存在についてのいっそう具体的な把捉がなされるならば、「人間の学たる倫理学が人間の道徳的意識をその主題とすべきではなくしてかかる意識の現実的地盤たる社会的存在を主題とすべきであることも明らかにされる」と和辻はいうのである。和辻がマルクスによってした倫理学の主題の転換は、個人的意識から社会的存在へという個人主義的近代の超克の意義をも担うのである。

和辻倫理学がマルクスから始まったことは、彼の『人間の学としての倫理学』以降の倫理学的著述においてはまったく消されてしまっている。マルクスの社会的存在としての人間も、間柄的存在としての人間という和辻倫理学的な人間存在となる。それとともにあの始まりのマルクスも、「人間の学」としての倫理学史の末尾の章を構成する終わりのマルクスとなる。[18] 論文「倫理学」は和辻自身によっても棄てられるのである。彼はこれを己れの公的著述に数え上げることはしないのである。[19] だがそこに一たびマルクスとともに記した「人間の社会的存在の学が倫理学たらざるを得ない」という言葉は決して消すことはできない。それは隠された主導因として、和辻倫理学の昭和〈近代〉における独自な形成をひそかに支配し続けたと私は見ている。

「この書とほぼ同じやうな考は、曾て昭和六年に岩波哲学講座の『倫理学』に於て述べたことがある。この書に於ても前著と同じ材料を少からず用ゐたが、しかしここでは全体に亘つて新しく考えなほし、また新しい組立てによつて叙述しなほした」と、和辻は『人間の学としての倫理学』の「序」に記している。論文「倫理学」と重なるところがあっても、『人間の学』は新しい出発だと和辻はいっているのである。たしかに『人間の学』はもはやマルクスから始まることはしない。それは「倫理とは何であるか」という問いとともに始まるのである。この問いからの出発こそ、己れの倫理学の本当の出発だと和辻はするのだろう。だから『人間の学』こそ東大倫理学教授和辻哲郎のデビューの書とされるのである。だがこれはマルクスからの始まりを隠した再度の出発であったのだ。

4 昭和のわれわれの倫理学へ

和辻倫理学の再出発

かくして倫理学は人間関係・従つて人間の共同態の根柢たる秩序・道理の学として把捉せられる。それが日本語に於ける「倫理学」の概念である。

和辻哲郎・論文「倫理学」

1　再出発としての出発

和辻の『人間の学としての倫理学』は昭和九年（一九三四）に岩波全書[1]の創刊時の一冊として刊行された。それは従来の倫理学書に見ない斬新な方法意識と平易な文章、そして「全書」という手にしやすい版型による概説書として多くの読者に迎えられ、今日まで長い生命を保ってきた例外的な倫理学書である。たしかにこの書は東京帝国大学倫理学教授としての和辻の出発を告げるものであった。和辻はこの書をいわば方法論的序章として、彼の主著『倫理学』の上巻を書き始めるのである。『倫理学』は和辻の東大における倫理学講義のために書かれたものであるだろう[2]。その上巻に当たる諸章が完成し、刊行されるのが昭和一二年（一九三七）四月である。『人間の学』の刊行後、わずか三年にも満たない内にこれが完成したことからすれば、『人間の学』という書が『倫理学』上巻のための理論的筋道なり基盤をすでに備えていたからである。その意味で『人間の学』は、たしかに和辻倫理学を称される学の出発を告げる書とみなされるのだ。

　だがすでに見てきたように、和辻倫理学の形成の過程にはまず始めに論文「倫理学[3]」があったのだ。ではなぜこの論文は和辻倫理学の出発をなすものではなかったのか。この疑問は、和辻はなぜあらためて『人間の学』を書き、論文「倫理学」を遺棄したのかという疑問として敷衍される。論文「倫理学」はマルクスから始まるものであった。マルクスから始まったということは、和辻が社会的存在であることをその本質規定とする人間観をマルクスと共にすることによって彼の倫理学を始めようとしたことを意味している。昭和初年の日本の学術・言論界にマルクスが、彼への同調あるいは批判を通してもたらしたものについて、われわれはまだ思想史的な検証をほとんどしていない。マルクスはマルクス主義者を作っただけではないのだ。全体主義的な理論家を作れば、社会ファッシストをも作るのである。昭和初年の和辻は、社会的存在という人間の本質規定をマルクスと共有して「人間の学」という社会的（共同体的）存在の倫理学を構想するのである。「歴史的・実践的なる人間の社会的存在」が一層具体的に把捉されるならば、「人間の社会的存在の学が倫理学たらざるを得ない」と和辻は論文「倫理学」で書くのである。

和辻は日本における既存の講壇倫理学からの脱皮を図っていた。だが彼は自分の倫理学的記述の中で、既存の講壇倫理学についての批判を全くといっていいほどしていない。和辻はむしろ既存の倫理学を無視したといっていい。近代日本の既成倫理学に対する無視という根柢的な否定的態度をもって和辻は倫理学の革新を図ったのである。その革新は社会的存在という人間の本質規定をマルクスと共有することをもって始められたのである。社会的存在たる人間の学としての倫理学とは、一九二〇年代の歴史的息吹をもった倫理学刷新の颯爽たる出発を予感させるではないか。だが和辻における倫理学的展開はマルクスと共に始まりながら、その始まりを自ら消していく。社会的存在という感性的・

人間的活動すなわち実践によるマルクスの人間的本質規定は、やがて和辻では間柄的存在という倫理的関係性（人倫）による人間的本質規定に置き換えられていく。『人間の学』は「倫理」語の解釈というこの置き換え作業をもって始まる。この置き換えをもって和辻倫理学がまさしく人倫（人間共同体）の学として出発するとするならば、あのマルクスと共にした人間の本質規定は和辻倫理学における隠された出発を記すものであったということになる。和辻倫理学は『人間の学』によって再出発としての出発をするのである。

2　人間の個別性と全体性

和辻は人間の本質が社会的存在にあることをマルクスと共に確認することから論文「倫理学」を書き始めたのである。その始まりは、既存の倫理学を刷新する社会的存在たる人間の学としての倫理学がここから真っ直ぐに記述されることを予感させた。だが論文「倫理学」はその予感を裏切るかのような展開を見せるのである。論文はマルクスからコーヘンへ、そしてカントへ、最後はアリストテレスへと倫理学史を遡るようにして展開される。これは一体何を求めてなされた遡行なのか。和辻は倫理学と人間概念との連関を倫理学史を遡りながら検討し、アリストテレスのポリティケー、すなわち政治学・倫理学を包括するポリス的な国家（共同体）の学に至って答えを見出すのである。彼もまたドイツ・ロマン派の哲学者たちと同様に古代ギリシャに答えを求めて遡行するかのようである。彼がアリストテレスに遡って見出した答えをまずここに引いておこう。

かくして我々はアリストテレースの「ポリティケー」即ち社会的人間の学に於て、我々の目ざすところの倫理学のイデーを見出すのである。我々はその体系的な内容に必ずしも執着するのではない。しかし自然の存在から人間の存在を区別し、さうしてその人間の存在を個人的・社会的なる人間の存在として把捉すると云ふ方法そのものは、我々にとつても導きとならねばならぬ。「倫理学は人間の学である」といふテーゼの真意は、ここに認められると云つてよいであらう。

倫理学が「人間の学」であること、すなわち「人間の学としての倫理学」が和辻において可能になるのは、アリストテレスの人間存在の把捉に遡ることによってである。和辻はそこに、すなわちアリストテレスのポリティケーに「倫理学のイデー」を見出したといっているのである。彼が「倫理学のイデー」というアリストテレスにおける人間存在の把捉とは、人間を「個人的・社会的なる人間の存在として把捉する」ことである。この人間存在の二重契機的な構造的把捉を、論文「倫理学」によってさらに詳しく見てみよう。和辻は『ニコマコス倫理学』の一節から自足的完結態としての孤立的個人の立場、あるいは個人主義的視点を読み出した上でこういうのである。ただしこのアリストテレスにおける個人主義的視点の和辻による読み出しは、後に触れるように彼の誤読によるものである。

然しまたアリストテレースの個人主義は、人間の個別性に於てのみ行為の規矩を認めて、人間の全体性を全然眼界から失つたやうな個人主義ではない。彼はあくまでもポリス的人間の全体性を把持しつつ、同時にこの全体性に於て可能な人間の個別性を、同じく根源的なものとして重視したのである。ここに人間の個別性と全体性との間の弁証法的な関係が、漠然とながらも把捉せられてゐる。人間は全体に於て個人であると共に、個人に於て全体である。アリストテレース自身の言葉で云へば、「ポリスは個人より先である」と共に、個人にのみ唯一の実在性がある。彼が社会的人間の学を先づこの個人から始めたのは、まさにこのやうな立場に於てのことなのである。(4)

昨年、科学史の佐々木力氏と対談した際に私がいま和辻倫理学の再検討をしているといったところ、彼が東大で指導した学生が和辻のアリストテレス理解に誤読があることを早く論文で指摘しているということを教えられた。その学生とはすでに大学を卒業し、現在はある出版社に勤務する海老原勇氏である。彼の好意で送られた論文(5)を私は読むことをえた。和辻がアリストテレスの個人主義を読み出した『ニコマコス倫理学』の当該箇所（第一巻第七章の一節）は、そのような読み出しは全く不可能なものであることを氏は明らかにしていた。和辻自身による訳なのか、誰れによる訳なのか分からないが、引かれた一節は全くの誤訳である。(6)この誤訳から和辻は、「孤立的人間に於ても一つの完結態を認めるところの、個人主義傾向がアリストテレースに存する」（傍点は和辻）ことをいうのである。和辻のこの論文「倫理学」に対しては恐らくその公表とともに、彼のマルクスやアリストテレス理解をめぐって批判なり疑問が多く寄せられたのであろう。あるいはそれが『人間の学』としての書き直しを和辻に迫った理由であるかも知れない。このアリストテレスの個人主義についても批判があったと推定される。『人間の学』ではアリストテレスの個人主義について多くの弁明的な補足がなされている。しかし『ニコマコス倫理学』から引くあの一節が誤訳であるとの指摘はなかったのか、その訳はそのまま『人間の学』にも引き継がれている。ともあれ和辻はアリストテレスの個人主義をめぐって弁明的な補足をした上で、『人間の学』は「人間の個別性と全体性」をいう先の文章をこう書き改めるのである。

しかしながらアリストテレスの個人主義は、人間の個別性に於てのみ行為の規矩を認めて、人間の全体性を全然眼界から失ひ去つた様な個人主義ではない。なるほど彼は一面に於て個人がそれ自身に根拠を持つことを主張する。しかし他面に於て彼は人が本性上ポリス的動物であることをも主張するのである。彼は明白に「ポリスは個人よりも先である」と云つてゐる。我々はこの二つの主張の統一に於てアリストテレスの人間の学を見なければならない。個人に根源的な実在性を認めることはポリスを個人より先とすることと矛盾する。しかしこの矛盾の統一こそ人間の構造に他ならない。ここに人間の個別性と全体性との間の弁証法的関係が、すでに問題として現はれてゐるのである。(7)

アリストテレスにおいて人間とは本性上からしてポリス的動物であり、人間の本質規定として全体性概念が優位するものであることを認めながらも、和辻はあえて全体性と個別性との矛盾的統一として、アリストテレスにおける人間存在の構造的把捉を見ようとするのである。だがこうした人間存在の構造的把捉とはアリストテレスのものなのか、和辻のものなのか。「人間の個別性と全体性との間の弁証法的関係」とは、誤訳をもあえて犯しながらアリストテレスに読み入れていった和辻のイデーではないのか。アリストテレスがポリス的国家と個々人との関係をいうのは、全体と部分という有機的関係においてである。部分に「根源的な実在性を認める」ことなどはありえない。全体から離れて自足しうる単独者とは、「野獣であるか、さもなければ神である」[8]とアリストテレスはいっているではないか。だが和辻はアリストテレスの全体性のポリス的国家学《ポリティケー》にあえて個人と全体との矛盾的統一（弁証法的関係）のドラマを読み入れたのである。かくてアリストテレスの全体性の国家学《ポリティケー》は和辻の全体性の倫理学へと変容するのである。まさしく和辻はアリストテレスの「ポリティケー」に「倫理学のイデー」を見出したのである。和辻は論文「倫理学」で「アリストテレスがプラトンの理想国の主要欠陥として指摘したのは、私有財産及び家族の廃棄がポリスによる個性の滅却を意味する点である」といった後でこういっている。

> 個性が滅却せられれば、個人が全体に従ふといふ関係自身が不可能になる。個人が全体に従ひ得るためには、全体が先づ個人を明白に作り出してゐなければならない。全体はおのれを否定して、

個人を作り出しつつ、その個人を否定して全体に還らせるのである（傍点は子安）。

これは和辻がアリストテレスから読み出した彼の「倫理学のイデー」である。

3　倫理学は Ethik ではない

和辻はまずマルクスから社会的存在という人間の本質規定を受け取った。そのことは和辻がもはや人間を個人あるいは個人意識の立場から把捉しないことの、あるいは倫理学がただ個人の道徳意識を前提にして形成されてはならないことの明確な意志表示だと見ることができる。社会的存在という人間のこの本質規定は、和辻において間柄的存在といい換えられながらも、ずうっともち続けられる規定であった。だがこの人間の存在規定から直ちに彼の『人間の学としての倫理学』が導かれたわけではない。和辻は倫理学史を遡りながらアリストテレスの「ポリティケー」に彼の「倫理学のイデー」を見出すのである。見出したというよりは、彼は読み出したというべきであろう。そのイデーとは、人間を全体性と個人性という二つの矛盾的契機からなる存在と見ることであり、さらに個人は自らの否定を通じて全体へと還帰すべきものと見ることからなるものであった。たしかにこれは和辻によって読み出されたイデーではあるが、しかしアリストテレスの全体性の国家学《ポリティケー》によってはじめて読み出すことのできた人間の全体性の倫理学というイデーである。マルクスにおける人間存在の社会性は、アリストテレスを介して人間存在の全体性に姿を変えたといってもいいかもしれない。

ところで和辻がアリストテレスに遡って全体性の倫理学というイデーを見出したとき、はたしてこれは倫理学なのかという問題にぶつかることになる。明治中期よりこのかたわれわれは「倫理学」という日本語をEthikの同義語とみなしてきたと和辻はいう。すでに私が何度も指摘してきたように、「倫理」という語彙は漢語として存在したとはいえ、「倫理学」という語はEthik、ethicsの翻訳語として明治一〇年代の日本で作り出されたものである。アリストテレスのEthicaもまた「倫理学」と訳されてきた。だが、「Ethicaの根本問題が、個人の立場に於て「善とは何であるか」或は「我は何をなすべきであるか」と問ふのである」（傍点は和辻）ならば、そしてこれを「倫理学」とするならば、アリストテレスの国家学《ポリティケー》によって和辻が読み出した全体性の倫理学は、Ethikの同義語としての「倫理学」ではないということになるのではないか。たしかに近代倫理学《エシックス》は市民という個別的行為者における道徳的規範の学として政治学から区別されてきた。それからすれば和辻がアリストテレスの全体性の国家学《ポリティケー》にそのあるべきイデーを見出した倫理学とは、倫理学《エシックス》ではないことになる。論文「倫理学」でこう問題を推し進めてきて和辻は、一転して「倫理学」という翻訳語が語根としてもつ「倫理」という語彙に眼を向けるのである。「Ethicaの訳語としてにもせよ我々が「倫理学」の語を用ゐ始めたといふことは、すでにこの語の背負へる伝統を取り入れたといふことを意味する」と和辻はいうのである。ではその語が負う伝統とは何か。「倫理とは人と人との間の関係に存する道であつて、孤立させられた個人の意識内でのみ決定し得る道徳的価値なのではない。」だから「倫理」という伝統的意義を背負う「倫理学」が、たとえそれがEthicaの訳語として造られたとしても、それが「単に個人的・主観的ならざる人間の道の学、従つて我々の意味に於ける人間の学を意味することには何等不都合はないのである」と和辻はいうのである。

論文「倫理学」はここで、[9] やがて『人間の学』の冒頭の章を構成することになる「倫理」という言葉の意味をのべるのである。「倫理」とは「人倫」と同義であることを確認して和辻は、「かくして倫理学は人間関係・従つて人間の共同態の根柢たる秩序・道理の学として把捉せられる。それが日本語に於ける「倫理学」の概念である。さうしてそれはまさに人間の学としての倫理学に他ならぬ」と書くのである。

和辻がアリストテレスの「ポリティケー」によって導き出した倫理学のイデーとは、「倫理」の伝統的意義を内包するわが日本語「倫理学」のイデーに他ならないことを確認するのだ。とすればわれわれの倫理学はここから出発すべきなのである。すなわちわれわれにおける「倫理」という言葉の意味の闡明から出発すべきなのである。和辻倫理学は再出発しなければならない。『人間の学』があらためて書かれねばならないのである。だがここでいうわれわれとは誰なのか。和辻が、「我々はアリストテレースの「ポリティケー」即ち社会的人間の学に於て、我々の目ざすところの倫理学のイデーを見出すのである」といい、また「我々が「倫理学」の語を用ゐ始めたといふことは、すでにこの語の背負へる伝統を取り入れたといふことを意味する」という文中の主格をなす「我々」とは誰なのか。このわれわれは単に和辻の論述上の主格を意味するものではない。このわれわれとはアリストテレスに遡って人間的全体性の学に倫理学のイデーを見出すとともに、「倫理」語が背負う伝統的意義によってその倫理学的イデーをわれわれのものとして再確認するわれわれである。それは近代ヨーロッパの個人主義に批判的に対向する昭和日本のわれわれである。「倫理」という言葉の意味の闡明とともに再出発するのは、昭和日本のわれわれの倫理学である。

4 われわれの倫理学へ

「出発点に於ては我々はただ「倫理とは何であるか」といふ問の前に立つてゐる」という言葉とともに、和辻は彼の倫理学を『人間の学としての倫理学』として再出発させるのである。あたかも和辻における倫理学の形成がいま「倫理とは何であるか」という問いをもって始められるかのように。「倫理とは何であるか」という問いは、倫理学の作り直しを目ざした倫理概念の問い直しを意味するものである。だが和辻はこの問い直しを既成倫理学の諸説の批判によってするのではなく、「倫理」という言葉の解釈学的な意味の解明によってしようとするのである。

出発点に於ては我々はただ「倫理とは何であるか」といふ問の前に立つてゐる。ところでこの問は何を意味するであらうか。この問が言葉によつて表現せられ、我々に共通の問として議論せられ得るといふことが、出発点に於ては唯一の確実なことである。我々は倫理といふ言葉によつて表現せられたことの意味を問うてゐる。さうしてその言葉は我々が作り出したものでもなければまた倫理学といふ学問の必要によつて生じたものでもない。それは一般の言語と同じく歴史的・社会的なる生の表現として我々の間に先だち客観的に存してゐるのである。

いま再出発する『人間の学としての倫理学』の序章を「倫理」という言葉の意味の解明をもって構成するのは、和辻がすでに現象（表現・言葉）の解釈学を倫理学の方法としてもっていたからである。彼は論文「倫理学」の最後の章で、(10)ハイデガーによりながら解釈学的方法が人間存在の本質構造の解明にもつ意義をすでに語っていた。マルクスをもって始まった論文「倫理学」は、ハイデガーをもって終わるのである。その執筆に先立つ昭和二年（一九二六）に和辻はドイツに留学する。ハイデガーの『存在と時間』はその年の二月に公刊されていた。その年の初夏、和辻はベルリンに着くや直ちにハイデガーのこの話題の書を手にしている。彼のドイツ留学は学問的な意味としては、ハイデガーのこの書との遭遇がもたらしたもの以上のものはないと私は見ている。だが和辻はこの書と遭遇することで、彼の存在自体を揺るがすような実存的体験をしたわけではない。彼はハイデガーの『存在と時間』から人間存在の解釈学を已れの倫理学の方法として読み出すのである。それは彼の倫理学の形成に決定的といっていい意味をもつのである。和辻がハイデガーから読み出した解釈学的方法をめぐっては、私はあらためて次号で詳しくのべるだろう。ここではその結論を先取りする形で、この解釈学が和辻におけるわれわれの倫理学形成といかに分かちがたいかをのべるにとどめよう。

和辻はハイデガーがいう現象学的還元・構成・破壊とは同時に解釈学的方法でもあるとして、その破壊（解体 Destruktion）についてこういっている。「破壊とは、どうしても用ゐなければならない伝承的概念を、その作られた源泉に返し、批判的に掘り起すことである。云ひかへれば伝統の発掘である。これは伝統を無用なものとして否定するのではなく、それを積極的に己れのものにすることを意味する」[11]。現象学的破壊とは、伝統的概念を、歴史におけるその源泉的意味を読み出す形で掘り起こし、現在にそれを再構成することで、もう一度それを己れのものにすることである。『人間の学』は破壊についてこれと同じ説明をした上で、「かかる意味に於て構成は破壊によつて行はれ、破壊は構成となる」[12]と補足している。破壊とは伝統的概念を、そのもともとの意味を掘り起こす形で現在に再構成する解釈学的方法である。和辻がこういったとき、もう一度掘り起こされなければならない伝統的概念として「倫理」という言葉が彼の手許にすでにあるのである。「伝統とは『表現』以外の何者でもない」[13]と和辻はいう。「倫理」という言葉とはそれを使用する人間の生の表現である。そしてもし「倫理」がわれわれの現実の生活においてなお使用されている言葉だとするならば、解釈学が伝統に掘り起こすこの言葉のもともとの意味とは、現在のわれわれの人間的生をなおその深みにおいて規定するものでもあることを明らかにするだろう。「我々は倫理といふ言葉によつて表現せられたことの意味を問うてゐる」と和辻はいうのである。そして「倫理」という言葉は作り出されたものではなく、また倫理学の要請によって生まれたものではない。それは「歴史的・社会的なる生の表現として我々の間に先だち客観的に存してゐる」のだと和辻はいう。「倫理」という言葉はその背後に伝統を負いながら、われわれの間で現に使用されている生きた言葉だと彼はいうのだ。もしそうであるならば、「倫理」という言葉のもともとの意味の解明は、「倫理」という言葉をなお使用しているわれわれのあり方をその存在構造の深みにおいて明らかにすることになるだろう。だからわれわれにおける「倫理」という言葉の解釈学は、間違いなくわれわれの倫理学を構成する方法であるのだ。そしてこの解釈学は、彼がマルクスによって、あるいはアリストテレスによって再構成する人間的全体性の倫理学が、われわれの倫理学に他ならないことを証明することでもあるのである。なぜならわれわれの伝統における「倫理」という言葉のもともとの意味とは、全体的存在としての人間の道、すなわち人倫の道に他ならないのである。われわれの伝統における「倫理」という言葉の意味の掘り起こしは、倫理学《エシックス》という個人倫理学を破壊し、人間的全体性の倫理学というわれわれの倫理学を再構成することである。

5　手品師の手さばき

私がここに辿ってきたことは、和辻が提示する「倫理とは何であるか」という問いに、彼の出した答え、あるいは彼の答え方をすでに知るものが書いた回答、すなわち倫理学構成の筋道だというかもしれない。だが答えを知っているのは和辻自身なのである。彼は先刻論文「倫理学」で答えを出しているのである。彼は論文で、アリストテレスに人間的全体性の学を確認した後、「倫理」という言葉はもともと「人間のなかまに存する理、即ち人間の道を意味する」として、「かくして倫理学は人間関係・従って人間の共同態の根柢たる秩序・道理の学として把捉せられる。それが日本語に於ける『倫理学』の概念である。さうしてそれはまさに人間の学としての倫理学に他ならぬ」といっていたのである。とすれば『人間の学』があらためて「倫理」という言葉、「人間」という言葉、「世間」「世の中」という言葉、そして「存在」という言葉の意味の闡明をもって始めていることは何を意味するのか[14]。それは仕掛けをすでに手中にしている手品師が見事な手さばきで人びとの面前で手品をして見せるように、解き出す答えをすでに手中にしている和辻が見事な解釈の手さばきを読者の眼前で見せようとすることなのだろうか。たしかにそうだ。われわれはそのいかがわしさを承知の上で手品師の手さばきに驚嘆するように、和辻の解釈の手さばきにもわれわれはいかがわしさを覚えながらも感嘆するのである。『人間の学』のこれらの言葉をめぐる解釈の諸章はわれわれを、すなわちこれらの言葉を国語として使用するわれわれを読ませるのである。国語中の言葉の見事な哲学的解釈の文章を読ませるかのように。たとえば「世間」「世の中」をめぐる章は、これらの言葉の意義を解くことで見事な仏教思想史をなしている。われわれはこれらの諸章を読まされることによって、世間的存在としての人間の学である倫理学とは、他ならぬわれわれの倫理学であることを納得させられるのである。これは倫理学を伝統によって解体的に再生させてみせる解釈学という見事な手品である。

私はこれをあくまで手品だという。その手さばきがどのように見事であろうとも、手品師がいかがわしさをもつように、言葉の解釈学もいかがわしさをもつからである。和辻は表現としての言葉の解釈学といいながら、彼がしているのはたとえば「倫理」という言葉の語義解釈である。ところで日本の神道は語義解釈によって秘伝的教説を構成してきた。既成神道の秘伝と称されるものがいかがわしい語義解釈からなることを知る本居宣長は、『古事記』の注釈から語義解釈を追放したのである。「迦《か》微《み》と申す名義《なのこころ》は未だ思ひ得ず」（『古事記伝』巻三）とは、「神」の語義解釈のいかがわしさを知る宣長がいう言葉である。解き出される「神」という語の本義とは、ほとんどその語に投げ入れられた解釈者の用意する答えである。和辻がすでに用意された答えを、「倫理」語から読み出したように。だが私が和辻の解釈学をいかがわしいとするのはそれだけではない。私はそもそも「倫理」という言葉が伝統の中にあって、いまなおわれわれの日常において生きた言葉として使用されているとは考えないからである。われわれが使用する「倫理」という語はEthik, ethicsの翻訳語「倫理学」とともに作り出されるものであることを、私はすでに何度もいっている。ここで一、二の事例を挙げてもう一度いっておこう。明治四五年（一九一二）に刊行された『新訳漢和大辞典[15]』では「倫理」は、「Ethics, 人生の道義。人倫道徳の原理、之を研究するを倫理学、道義学といふ」と説明されている。「倫理」をはっきりと翻訳語としているのである。また明治四二年刊の『日本品詞辞典[16]』によって見ても、そこに「人倫」の語はあっても「倫理」はない。だから和辻が自分の周辺に見出す「倫理」とは、翻訳語「倫理学」から作り出された、あるいは近代的に再生された「倫理」であるのだ。それは決して伝統における「倫理」がなお生きた言葉として使用されているのではない。だから和辻の「倫理」という言葉をめぐる解釈学とは、倫理概念を再構成する和辻の作業に、あたかも伝統からの隠れた意義の発掘という装いを与える手法だということになる。

だが和辻の解釈学的手法がもついかがわしさをいうことは、和辻倫理学を見る価値なきものとして斥けようとするためではない。むしろそのことは和辻倫理学が昭和に再構成されたわれわれの倫理学に他ならないことをいっそう明らかにするのである。和辻はマルクスにより、アリストテレスに遡り、そしてわが伝統を掘り起こすかのようにして、戦争を間にした昭和前期という時代にわれわれの倫理学を『倫理学』三巻として構成していったのである。

5　「倫理」という言葉と解釈学

和辻におけるハイデガー

倫理といふ概念は倫理といふ言葉によつて云ひ現はされてゐる。

和辻哲郎「序論」『倫理学』上巻

逆に云へばあらゆる間柄の表現は、即ち社会的な形成物は、悉く倫理の表現である。従つて倫理学の方法は解釈学的方法たらざるを得ない。

和辻哲郎『人間の学としての倫理学』

1 「倫理」という言葉

そこで我々はこの言葉を手掛りとして出発することが出来る。倫理といふ言葉は支那人が作って我々に伝へたものであり、さうしてその言葉としての活力は我々の間に依然として生き残ってゐるのである。この言葉の意味は何であらうか。その意味の上に我々はいかなる概念を作り得るであらうか。[1]

これは和辻が『人間の学としての倫理学』の冒頭でいっている言葉である。この言葉は何度でもくりかえして見る意味がある。私はいままでにも幾度かこの言葉を引きながら和辻倫理学をめぐって論じてきたが[2]、今またここでの議論をこれを引くことから始めようとしている。この言葉に先立って和辻は、「倫理」という言葉は、「一般の言語と同じく歴史的・社会的なる生の表現として既に我々の間に先だち客観的に存してゐるのである[3]」といっている。われわれの間に既に存している「倫理」という言葉を手掛かりにして和辻は出発するというのである。しかもその「倫理」とは中国出自の漢語であると和辻はことわっている。だからここでいうわれわれとは「倫理」という漢語を含む漢字文化の中にいるわれわれであるはずである。だがそう限定するのは私であって、和辻ではない。和辻におけるわれわれは、既に存している「倫理」という言葉を現に使用する日本人であり、その言葉の理解という解釈学的操作によって倫理学的な意味を導き出し、そこから概念的な学術的言語をもって倫理学を再構成していく和辻に体現されているような学的な普遍人である。回りくどいことをいっているようだが、私は昭和日本の哲学に共通する言説的構えを問うているのである。「倫理」という漢語、いやむしろ日本語の解釈によって新たな倫理学という概念体系を再構成し、世界に思想的に対していこうとする哲学者の構えがここにある。これは「日本的特殊を通して世界史的普遍へ」という「世界史の哲学」にも共通する昭和前期日本の哲学的言説の特質である。しかし私が上掲の和辻の言葉をくりかえし引くことの意味はそうした特質をえぐりだすためではない。

「倫理」という言葉は既にあり、活力をもった言葉としてわれわれの間で現に使用されているという和辻の言葉は、錯誤を何重にも含んだものである。「倫理」という言葉は本当にわれわれの間に既に存しているのだろうか。もし既に存しているとするなら、その「倫理」という言葉ははたしてわれわれが現に使用しているものと同じものなのか。われわれが現に使用している「倫理」という言葉とは新しく出来たものではないのか。それを既にあるというのは錯覚ではないのか。あるいは「倫理」を伝統語とするのは偽装ではないのか。和辻は「倫理」語の儒家テキストにおける使用例をわずかに一つ二つ挙げるだけで、「倫理」の既存をいった積もりでいる。だが私はここで「倫理」語の既存性に疑問を投げかけることで、和辻のこの言葉をめぐる錯誤をいま証明しようとしているのではない。

儒家における「倫理」語をめぐっては別に詳しくのべるつもりである。むしろここでは和辻における錯誤を疑わせる学的出発をいいたいのである。「我々はこの言葉を手掛りとして出発することが出来る」というその出発が問題なのである。われわれの考古学《アルケオロジー》はこの学的出発という言説的構えを解読せねばならない。

和辻はいま東京帝大におけるヨーロッパ倫理学《エシックス》のいわば翻訳的教科として始まった倫理学講座の教授に就任しようとしている。明治中期以来の日本に存在してきたのはこの倫理学《エシックス》であり、それが発信する倫理《エシックス》であることを、私はすでにのべた[4]。そのことは和辻も嫌悪感をもって承知していたはずである。既存の倫理学概論はヨーロッパ倫理学説の解説的羅列にすぎないと和辻は蔑むようにいっていた。彼が周囲に見ていたのは「倫理《エシックス》」ではなかったのか。にもかかわらず和辻は漢語「倫理」が昭和の日本になお活力をもって使用されているといっているのである。これは無意識の錯誤なのか、あるいは意識された錯誤なのか。意識的錯誤とは、意識的な事態の無視、あるいは戦術的な錯誤すなわち詭計である。おそらくその両方なのだろう。無意識の錯誤は、和辻におけるだけではない。ほとんどの日本人が陥った錯誤である。すなわち後進的・翻訳的近代化過程の日本人が陥った錯誤である。漢語「倫理」と翻訳語「倫理」という語彙の同一性がもたらした錯誤である。意識された錯誤あるいは戦術的な錯誤とは、この語彙の同一性がもたらす錯誤を意識的に利用するのである。和辻は新たな翻訳語「倫理」と元からあった漢語「倫理」との差異を無視し、あるいは両者を同一化する錯誤によって、漢語「倫理」の解釈から人間学的な意味を導き出し、「人間の学」という倫理学を構成していこうとするのである。だがもし漢語「倫理」がすでに死語であるならば、その死語の解釈によって導かれる倫理学とは亡霊の甦りでしかないではないか。だがこれはあまりに早すぎる結論である。和辻の用いる二〇世紀現代の解釈学は、ただ亡霊を甦らせたりするのではない。

2　表現と解釈学

和辻は「倫理」という言葉は「一般の言語と同じく歴史的・社会的なる生の表現として既に我々の問に先だち客観的に存してゐるのである」といっていた。その際彼は「倫理」が漢語であること、すなわち中国に成立し日本に伝えられた言葉であるとことわっている。しかしその漢語「倫理」は忘れ去られることなく、現になお日本の日常の言語空間に活力をもって存在しているというのである。「倫理」はわれわれの日常における言葉であるという認識は――私からすればこの錯誤の認識は――倫理学の再構成という和辻の哲学的作業に決定的な意味をもっている。

彼は「倫理」という日常の言葉を重要な手掛かりとする。人間の日常の言葉を和辻は人間の日常的な生の表現として理解するのである。「お早うございます」という日本人の挨拶言葉には、社会的関係をもった日本人の日常における生活的諸関係が表現されている。言葉をこのように生の表現とする見方は、その言葉を通して、それを表現とする生を理解し、その生のもつ特質を解釈する仕方（解釈学）を導いていく。だが言葉を生の表現とする見方が、解釈学を導いたのではない。解釈学が、人間の言葉を人間の生の表現としていくのである。われわれはこの解釈学の方法を知るまでは、たとえば万葉の古歌によって古代日本の民族的生を理解し、その特質を解釈学的に導くといった精神史的叙述を知らなかったのである。ディルタイの解釈学の導入は、日本の文化学を一変させたのだ。あるいは解釈学の導入がむしろ昭和の文化学・文化史を作ったともいえるのである。和辻の日本精神史はこの解釈学による最初の作業であった。(5) この和辻によってあの言葉を生の表現とする見方があるのである。

『人間の学』はディルタイの解釈学をこう説いている。

> ディルタイによれば、外から感覚的に与へられた「しるし」によつて内なるものを認識する過程が、理解である。それは根本的には、表現とそれに於て表現せられたものとの関係に基いてゐる。さてこの理解の種々の段階のうち、最高なるものは天才的な理解である。これが技術に化せられると「解釈」になる。持続的に固定せられた生の表出の技術的理解、それが解釈である。ところで精神生活は言語に於てその充分な、客観的把捉を可能ならしめるやうな、表現を見出す。だから右の如き理解の技術は、文書の内に保存せられた人間存在の遺物の解釈をその中心とすることになる。(6)

長く引いたが、ここにはディルタイの歴史解釈学の和辻における受容が、いかに人間の言葉を客観的「しるし」とした人間学的解釈学をもたらすかが委細にのべられている。人間の言葉を人間の生の表出として見ること、すなわち間主観的な人間の交渉を媒介する言葉によって、それを使用する人間的生の特質を解明することとは、人間文化学の革新的な視点と方法の提示であった。すでに早く文化史的関心を深めていた和辻はディルタイの歴史的生の解釈学に鋭敏に反応した。だが昭和初年の和辻はすでに大学における倫理学講座の担当者であった。[7] 彼はいま解釈学による倫理学の革新を、すなわち人間学的革新を目論むのである。上に引いた和辻の言葉が、ディルタイの歴史解釈学の和辻における人間学的解釈学への変容をすでに示している。歴史的な文書の解釈を、「文書の内に保存せられた人間存在の遺物の解釈」と和辻はいうのである。歴史解釈学から、人間の言葉という表現の理解によって、そこに表出されている人間存在の構造的特質を分析する人間学的解釈学はもう和辻の間近にあるようである。だが和辻においてディルタイの歴史解釈学が人間学的解釈学として構成し直されるにはハイデガーとの遭遇が必要であった。

3　ハイデガーとの遭遇

和辻が『人間の学』に続けて刊行した『風土』の序言で、「自分が風土性の問題を考へはじめたのは、一九二七年の初夏、伯林に於てハイデッガーの『有と時間』を読んだ時である」[8] といっている。年譜[9] によれば和辻がドイツ留学のために日本を発ったのは昭和二年（一九二七）の正月であった。ハイデガーの『存在と時間』（初版）が刊行されたのはその年の二月である。和辻はベルリンに到着して早速、ドイツの哲学・知識世界におけるこの話題の新刊書を入手したのであろう。このハイデガーの登場は、「一九二七年に公刊された『存在と時間』によって、ハイデガーは空前の迫力と賞賛をともないつつ、ドイツ哲学の舞台上へと躍り出たのである[10]」と書かれたりする。和辻は同じ興奮をもって『存在と時間』を手にしたかどうかは分からない。ともあれ和辻はベルリン到着後直ぐにこれを入手し、読んだのである。和辻は三年間の留学予定を病気で中断し、翌年の夏にはもう帰国している。この短い留学が和辻に意味を与えたものがあるとすれば、それはヨーロッパに至る長い船旅の体験と留学後半のイタリヤ古寺巡礼と、そして『存在と時間』との遭遇であっただろうと私は推測する。

和辻は帰国して三年後の昭和六年(一九三一)に京都帝国大学文学部の倫理学講座担当の教授に任ぜられる。恐らくその教授昇任に当たって書かれたのが「人間の学としての倫理学の意義及び方法」と副題された論文「倫理学[11]」であったであろう。これは岩波講座『哲学』(第二回配本)に収められて昭和六年に刊行された。この論文は恐らく留学前に構想され、帰国後一、二年の間に執筆されたものと思われる。この論文はやがて再構築的に編集し直され、書き改められて岩波全書『人間の学としての倫理学』として出版される。『人間の学』の出版によって、その前身である論文「倫理学」は過去に遺棄される[12]。だが和辻倫理学の成立をハイデガー『存在と時間』の批判的受容という観点から見ようとするとき、この論文「倫理学」を見落とすことはできない。和辻によるハイデガーの受容は論文「倫理学」と岩波全書『人間の学』との間にある。私は和辻のハイデガー受容が論文「倫理学」を『人間の学』に書き改めさせる契機をなしたのではないかと推定している。すでに論文「倫理学」の第三章「人間の学としての倫理学の方法」ではハイデガーの解釈学的現象学の批判的摂取が行われている。では和辻はどのように摂取するのか。

我々はハイデガーの現有の存在論的分析から、有論と現象学とを捨てることによつて、方法的に多くのものを学び得ると思ふ。従つて彼が現象学的方法の根柢として説く所は、そこに「有る物」とせられてゐるのを「表現」に、「有」とせられてゐるのを「人間の存在」に置きかへることによつて、そのまま解釈学的に転用し得られるのである。

これはハイデガーにおける現象学的な現象の概念をめぐる批判的記述の最後に和辻がいう言葉である。このハイデガーの現象概念を「隠されたる現象」として和辻は批判的にこう読んでいるのである。「しかし『隠されたる現象』が現象の名にふさはないならば、この解釈学的方法は現象学と呼ばるべきではない。隠されたる現象とは実は有る物の有であり、さうしてこれは根源的には現有の存在である。従つてここでは現有の存在が通俗的現象（即ち有る物）から解釈し出されようとする。解釈学は本来表現を通ずる道であるが、ここではまさに有る物がその表現の位置を占めてゐる。有る物がすでに有ることを表現してゐるが故に、それを手引きとして有が把捉せられるのである。これまさに解釈学ではないであらうか」。ハイデガーにおいて現象学が存在論的解釈学であるその哲学的構えの和辻による批判的解読は、そのまま表現（現象）を通じての人間存在の解釈学への読みかえであることを示しているのである。

> 現象学は、存在論の主題になるべき当のものへと近づく通路の様式であり、また、その当のものを証示しつつ規定する様式である。存在論は現象学としてのみ可能である。現象の現象学的概念は、おのれを示すものとして、存在者の存在、この存在の意味、この存在の諸変様や諸派生態を指している（ハイデガー『存在と時間』[13]）。

このハイデガーの「存在論は現象学としてのみ可能である」という言葉を前にして、和辻が「有論と現象学とを捨てることによつて、方法的に多くのものを学び得る」というところを見れば、和辻が『存在と時間』から受け取ったものは、彼の人間学的な解釈学成立への読みかえの可能性に過ぎなかったことを明らかにしている。彼は「有る物（存在者）」を「表現」に、「有（存在）」を「人間の存在」に置き換えるのである。かくて現象学的還元は次のように読みかえられて、和辻の解釈学的方法を成立させる。

> 現象とは人間の存在の表現である。今や人間の存在が問題とせられる。しかし主体的なる人間の存在はただその表現に於てのみ接近し得られるが故に、我々はまづ表現を捕へ、その解釈によつて存在を理解せねばならない。それは表現から表現せられた人間の存在へ還つて行くことである。

これが還元と呼ばるべきであるならば、存在への解釈学的還元と呼ばるべきであらう。

和辻の『存在と時間』との遭遇は、彼に「有論と現象学とを捨てることによつて、方法的に多くのものを学び得る」といった言葉を吐かしめる底のものであった。ハイデガーの現存在分析が、和辻における既存の人間理解を震撼させ、その哲学的、方法的立場の根柢的な再構成を促したわけではない。和辻はすでに文化的形成物による人間的生の歴史的解釈学をディルタイによって得ているのである。ハイデガーとの遭遇はこの人間的生の歴史的解釈学を人間存在の解釈学へと推し進めるのである。和辻はハイデガーにおける「有る物（存在者）」を「表現」に置き換えた。さらに和辻はこの「表現」概念を人間の文化的、社会的表出行為へと拡大する。[14] こうして人間の言語、習俗、道徳という文化的、社会的形成物を和辻は人間存在の表現として、その「表現から表現せられた人間の存在へ還つて行く」という人間存在の解釈学を成立させるのである。この人間存在の解釈学とは倫理学にほかならない。後に『人間の学としての倫理学』で和辻はこういっている。

> 生の表現とは間柄としての存在の表現であり、この表現の理解は自ら人を倫理に導く。逆に云へばあらゆる間柄の表現は、即ち社会的な形成物は、悉く倫理の表現である。従つて倫理学の方法は解釈学の方法たらざるをえない。

4 「倫理」という言葉

われわれはやっと「倫理」という言葉を手掛かりとして出発するという『人間の学』冒頭の和辻に辿り着いた。私は論文「倫理学」と和辻におけるハイデガー受容の経過を辿り直すことで、『人間の学』の出発点に立つ和辻を再発見したのである。マルクスの「社会的総体としての人間」把握の検討から始まり、ハイデガーの批判的受容による解釈学的倫理学の方法の提示をもって終わる論文「倫理学」を、和辻はなぜ「倫理」という言葉の解釈から始まる『人間の学としての倫理学』に再構成したのか。そしてなぜ和辻倫理学は『人間の学』から出発するとされ、論文「倫理学」は過去に遺棄されたのか。私の辿り直しは、その答えを求めるためでもあった。

『存在と時間』との遭遇体験は和辻にとって彼の実存自体を揺るがすような性格のものではなかった。だが和辻はそこから彼の倫理学の成立をもたらす決定的な契機を読み取っていった。それは和辻の風土論の成立についてもそうである。和辻におけるこうした読み取りに見るハイデガー受容は、彼の思想的鋭敏さに帰せられることなのだろうか。明治末年から大正の初期、哲学青年和辻はニーチェやキルケゴールに関心を向けていた。やがて和辻は新たな文化史家として登場する。『古寺巡礼』(一九一九)、『日本古代文化』(一九二〇)、『日本精神史研究』(一九二六)は、文化解釈としての文化史、精神史を日本に成立させていく。この和辻に哲学的な基盤を与えていったのは、すでにのべたようにディルタイの歴史解釈学であった。ディルタイの解釈学は、和辻の人間の文化的形成への視点と人間的生への関心とを結合させて文化史的記述を彼に実現させた方法であった。たしかに文化史・精神史的関心と人間的生への生哲学的関心とは大正期和辻の精神作業を規定する二つの契機であった。これは大正期知識・精神の一般的動向と不可分であろうが、いま私は和辻の個人的境位に限定して考えようとしている。『存在と時間』とは人間的文化と生という二つへの哲学的関心をもつ和辻によって出会われたのである。しかも一九二七年の和辻は倫理学講座を教授として担うべき使命を与えられて留学しているのである。その一九二七年のドイツの哲学世界に登場した『存在と時間』を、和辻は己れの解釈学的倫理学の成立を導く方向で読んだのである。人間の文化も言葉も、そこから人間存在の本質的態様が解釈学的に読み出される表現（現象）なのだ。和辻は自分の人間存在の解釈学的倫理学、すなわち「人間の学としての倫理学」ができたと思ったに違いない。論文「倫理学」の末尾の章「解釈学的方法」はこの「表現」概念を己れのものにしえた和辻の興奮を伝えている。

和辻はかくて「倫理」という言葉を手掛かりとして出発、いやむしろ再出発することができる。人と人との間の交通・交渉を媒介する言葉は、人間の関係性についての了解の上で使用される。人びとの使用する言葉にはこの関係性が自己了解として含まれている。言葉が関係性をもった人間存在の表現であるとはこれをいうのである。言葉を表現として見るとは、言葉に表出されているこの関係性を理解することである。そして人間存在の解釈学はこの関係性を人間存在の本質的態様として記述するのである。和辻はこれを、「生の表現とは間柄としての存在の表現であり、この表現の理解は自ら人を倫理に導く」というのである。ところで「倫理」という言葉は、人間存在の表現である言葉の中でもっとも優越する言葉である。一定の関係性をもった人間のあり方が自己了解的に含まれる「倫理」は、和辻の人間存在の解釈学にとって決定的な意味をもった言葉となる。すなわち「倫理」という言葉の理解が、人間存在の本質的態様そのものの概念的記述を導くからである。すなわち倫理学を導くのである。和辻の人間存在の解釈学は、この「倫理」という言葉の解釈を通して倫理学になるのである。

和辻は論文「倫理学」を全面的に再構成する。論文「倫理学」における記述上の一節に過ぎなかった〈「倫理」という言葉の解釈〉をもって、彼は新たな著述を書き始めるのである。それが『人間の学としての倫理学』である。和辻倫理学と呼ばれる倫理学はここに成立する。かくて論文「倫理学」は過去に置き棄てられるのである。

「倫理」という言葉の理解を自らの倫理学形成の出発点に置くことをえた和辻は、言葉の使用というだれもが承認する事実に立つ倫理学の形成に絶大な自負と自信をもったに違いない。それは著者の自信だけにとどまるものではない。「倫理」という言葉からの出発は、革新的な倫理学形成への出発として人びとに迎えられたのである。その名声は今なおお持続しているように思われる。だがこの倫理学の登場を新鮮な驚きをもって迎えた人びとは、「倫理」という言葉に和辻とともに欺かれているのである。はたして漢語的出自をもつ「倫理」という言葉は、われわれの伝統におけると同様に現にわれわれの使用する言葉であるのだろうか。

われわれの使用する「倫理」という言葉は、明治における Ethik の翻訳語としての「倫理学」とともに再生された新漢語であることを、私は本稿においてもすでに幾度となく指摘してきた。近代倫理学の成立とともに新漢語「倫理」はあらためてわが儒家伝統のうちに投げ返され、伝統を装いをまとって作り直されるのである。和辻もまた解釈学という方法をもって同じことをするのである。われわれの伝統における「倫理」という言葉の既存性をいう和辻は、新漢語「倫理」を伝統の中に投げ返し、儒家的「人倫」概念をもって構成し直された「倫理」概念を取り出してくるのである。かくて「倫理」は「間柄的存在の理法」となるのだ。これは解釈学という見事な手品だと私はいった[15]。手品師におけるような見事な手さばきによって和辻は、〈「倫理」という言葉の解釈〉から昭和のわれわれの倫理学形成へのスタートを見事に切ってみせるのである。

6

人の肉体は物体化・個別化されるか

個人殺しの物語

そこで我々は結論することが出来る。間柄を作り得る限りに於ては肉体は他の肉体と繋つたものであり、他との繋りを破壊し尽した限りに於ては間柄を作り得ない物体か、或は絶対空に帰する。肉体に於て個々の人を求める限りかかる結論に到達せざるを得ぬのである。

和辻哲郎「人間存在の根本構造」『倫理学』上巻

1　独立した個人は仮構物

もし人の肉体を一つの物体とみなすならば、そのとき肉体は個別化され、その肉体を所有する人は一個の客体物と同様に独立した個体（個人）としてあるといえるだろう。では人の肉体が物体化されることはあるのか。ことに実践的行為連関からなるわれわれの日常の生活世界において。

和辻倫理学はいま「人間存在に於ける個人的契機[1]」について論じようとしている。和辻は独立した個別的存在としての個人は、思惟による、あるいは人為による抽象化としてしかありえないと考えるのである。「行為する「個人」の立場は何らかの人間の全体性の否定としてのみ成立する。否定の意味を有しない個人、即ち本質的に独立自存の個人は仮構物に過ぎない[2]」と和辻は『倫理学』で早すぎる答えをのべている。和辻倫理学が早すぎる答えから出発することについては、私はすでに最初の章[3]でのべた。己れの倫理学的展開を反－近代個人主義的倫理学へと方向付けるものを、彼はすでに早く時代から受け取っているのである。それゆえ彼の『倫理学』という著述は、この早すぎる答えを理論的に弁証していく過程となるのだ。彼はここで、すなわちその第一章・第二節「人間存在に於ける個人的契機」で、いわゆる「独立自存の個人」といったものは「仮構物に過ぎない」ことを論証しようとするのである。最初に掲げた設問はそこからなされることになる。独立自存する個人の根拠として、肉体の独立自存はあるのかという設問である。肉体の個別化とは、人の肉体が物のごとく一個の肉体としてみなされることである。いいかえれば肉体が物体化されることである。では人の肉体の物体化はわれわれが実際に生活する世界でありうるのか、と和辻は問うのである。和辻はこのように問い、人の肉体が単なる肉体、すなわち物と化する事例を求めながら、その分析を通して、肉体の単なる肉体化（物体化）の事実を否定していく。それは人為的抽象にすぎないと。一つの個別的な肉体が仮構物にすぎないならば、それを根拠に独立自存の個人をいうこともまた仮構の言説にすぎないことになる。和辻がここで肉体の物体化をめぐってする語りとは、生活する世界における独立する個人を消去する語りである。昭和の和辻倫理学の展開とは〈個人殺しの物語〉でもあるのだ。

2　一個の肉体とみなすこと

われわれの現実の生活において肉体が一個の肉体とみなされる代表的な事例は、われわれが患者として病院の手術台に横たえられた場合である。和辻も最初の事例としてこれを挙げている。医師が患者とその肉体を施術対象として見うるためには、その関係を医師と患者との関係に純粋化することが求められる。たとえつき合いのある患者であっても、彼／彼女を一人の病める肉体をもった患者とみなすことによって、手術の執行はなされるのである。私の家内は長女を親戚関係のある産科医院で出産した。産後に危険な事態が生じたとき、その親戚の医師は狼狽し、その処置を他の病院から緊急に呼んだ医師の手に委ねざるをえなかった。必要な処置の専門性の問題であったかもしれないが、医師と患者という関係が緊急事態で崩れてしまった結果でもあっただろう。和辻も医師による手術を、人の肉体を純粋に生理学的対象として扱う場合として挙げている。だが医師が人の肉体を生理学的対象として扱いうるためには、特別な手続きが必要だと和辻はいう。まず肉体を治療対象として扱いうる人、すなわち医師になるには特別な教育課程・実習課程を取得した上で、国家による認定を受けなければならない。さらにその医師による手術を受けるためには、患者は社会上の資格、肩書きなどから切り離されて一人の患者、あるいは被手術体にならなければならない。さらに医師が手術を施すためには家族の了承が必要である。こうしてはじめて人の肉体は手術台上の治療対象としての肉体になるのである。ここから和辻はこう結論するのである。「この事実によつても解るやうに人を単なる生理学的肉体として取り扱ふためにはその人からさまざまの資格を取除き一つの抽象的な境位を作らなくてはならぬ」（傍点は和辻）、と。

たしかに医師が患者の肉体を治療対象とし、それに手術を施しうるのは許された特別な境位においてである。和辻はそれを患者から日常の生活で負っている資格を取り除き、彼を「一つの抽象的な境位」に置くことでその肉体ははじめて生理学的対象になるのだというのである。彼は医師と手術を受ける患者との関係を、現実の生活的連関から離れた「抽象的境位」におけるものとするのである。このことが含意するのは、現実の生活的連関においてわれわれの肉体は生理学的対象となることはないということである。現実の生活する世界においてわれわれは関係性の中で生きている。その関係性の印《しるし》を和辻は「資格」というのである。男であり女であり、夫であり妻であり、社長であり社員であり、教師であり学生であることを和辻は資格といっている。生きていることは人もその肉体も資格をもっているのである。この資格が取り除かれ、一個の被手術体になることではじめて人の肉体は一個の対象化された肉体となると和辻はいうのである。人為的な手続きを経てはじめて人の肉体は一個の肉体として対象化される。

ここにあるのは、和辻の早すぎた答えを弁証するためにくり広げられる個人消去の物語である。彼は個人を殺すために、肉体の個別性を否定していくのである。肉体の個別性は、抽象的な境位にのみ存在し、われわれの生きる世界にはないといおうとするのである。だから彼の個人殺しの物語は人の肉体化・物体化・商品化の事実をわれわれの生活世界から消し去っていくことの上に語られる物語である。われわれはいま和辻の倫理学的展開の上できわめて重要な場面に際会しているのである。和辻の個人を否定的な欠如態とする間柄の倫理学は、(4) われわれの生活世界からいかなる事実を消し去ることの上に作られるものであるかを、ここにつぶさに見出すことができるからである。消し去られるのは人の肉体化・物体化・商品化の事実である。私はここでは和辻の消去に抗して、その事実をわれわれの生きる世界の事実として引き戻す。和辻が抽象的境位においてしかないという人の肉体化・物体化は、現実の生活でわれわれはいくらでも直面し、体験することである。あの手術台を介して向き合う医師も患者も、資格を取り除かれた抽象的な境位にあるのではない。医師と患者という新たな資格においてそこで向き合うのである。そのとき患者の肉体は治療対象になるのである。医師と患者との関係とは、現実の人間関係の一つである。だからこそその関係は、家内の場合のように、ある事態で急に親族関係に変わってしまうことも起こりうるのである。

3 肉体の商品化

われわれの肉体が物体化される端的な事例は、それが商品化される場合である。女性の肉体が肉体的欲望の対象として商品化されることは、われわれの社会における人の物体化（商品化）の代表的な事例としてある。だから和辻もこの事例を、肉体が生理学的対象とされる事例に次いで挙げているのである。もちろん人を単なる肉体的欲望の対象としてしまうことは簡単に許されることではない。そのためには人の肉体が負うあらゆる資格を抜き去って、「肉体的接触を人的関係から遊離させる設備が社会的に設けられ」ねばならないと和辻はいう。「花街・遊郭」といった特別な区域が設けられねばならないのである。もちろん和辻はここでこうした言葉を使ってはいない。彼の倫理学講義はそれを「設備」というのである。

かかる設備を欲すること、またかかる設備に入り込むことは、人を単に動物的に取扱ふ傾向の表示として、倫理的な非難を受けなくてはならぬが、その設備の内部に於ては肉体的接触が当然意味すべき人間的結合、従つてそれに伴ふ義務や責任を捨象し去ることが出来る。

これは恐らく日本の倫理学関係のテキストに現れた遊郭といった特殊設備をめぐるはじめての記述だろう。和辻は遊郭とは、そこでなされる肉体的接触を人間的結合でなくするための特殊な設備だというのである。そこでは女性がまったく肉体化され、肉体化された女性を商品として買うことができる設備である。だがこうした設備においてさえ、人を純粋に肉体化することは不可能だと和辻はいうのである。「何故なら単なる肉体といふ如きものは人工的抽象に過ぎないからである。そこに非人間的な強制を加へない以上この抽象は厳密に保たれ得るものでない」。特別な区域を限ってそこに囲い込み、そこからの離脱を不可能にする程度の強制では、人を純粋に肉体化することはできない。そこでの男女の接触が肉体的接触以上の人間的な意味をもたないような強制でも加えないかぎり、単なる肉体化は不可能である。だから「人々はその中から人間的結合を作り、またそれのなし得られないところでは心中する」のだと和辻はいうのである。

人間の全くの肉体化というのは人工的抽象であり、女性が肉体化され、単なる肉体的欲望の対象とされる遊郭という特殊設備においてさえ、純粋な肉体化はありえないのだと和辻はいう。一個の物体と同一視される単なる肉体というのは、人工的な抽象としてしかありえないと彼はいうのである。買われる肉体として商品化を強いられながらも、なお人間的結合を求める肉体がそこにあるではないか。われわれの肉体は人間的関係性を求めている。その関係性を遮断して一個の肉体として物体化することは、人工的抽象においてしかないのだと和辻はいうのである。一個の肉体というのが抽象であるならば、それを根拠にした自存する個人をいうことも抽象にすぎないことになる。かくて和辻の個人殺しの物語はもう一歩前進したようである。だが和辻の個人殺しの物語の一歩前進とは、われわれの社会における人間の物体化の事実を消すことによってえられた前進ではないのか。

吉原とは最盛期には三〇〇〇人の遊女をかかえた江戸の遊郭である。この遊郭の設営は一六一七年（元和三）の庄司甚左衛門による願い出に始まるという。とすれば吉原は江戸という新たな政治的中心都市とほとんど同時に成立したことになる。吉原は江戸とともに成立し、江戸の一つの文化的中心として繁栄していったのである。たしかに吉原という遊郭は公的な認可をえて設立された特殊地域である。そこでは地方から売られてきた娘たちが、文化的装いを施され、花魁として商品化されたのである。遊郭とはたしかに限られた特殊地域である。だが江戸の吉原と並んで京都には島原が、大坂には新町があるというように近世都市は遊郭という特殊地域を内に含んで成立したのである。私がいま江戸の遊郭を見ながらいいたいのは、われわれの歴史や文化は人間の物体化・商品化をすでに含みこんでいるということである。山椒大夫の中世説話に見るように〈人買い〉の歴史は古い。人は奴婢として、下僕として、遊女として買われていった。人びとはそれを母子関係を引き裂く悲劇として文学化し、語り伝えていったのである。だが〈人買い〉を人の物体化の問題として見れば、人間の戦力・労働力としての物体化は奴隷制の古代に遡ることになるだろう。たしかに人の物体化は人間の歴史とともに古い。しかしそれとともに近世にいたって人間の商品化が、遊郭という地域を限る形で公認されたことを確認したい。そのことは労働力としての人間の商品化を、あるいは戦力としての人間の物量化を国家社会体制の前提とする近代という時代がやがて来ることを教えているのである。

和辻は人工的な抽象としてしか人間の一個の肉体化・物体化はないという。単なる肉体化を強いられて女性があげる悲鳴に和辻は、人において肉体の物体化ができないことの証を聞くのである。だが人間的であるかのようなこの理解は、人間は肉体化され、物体化され、商品化されるのだし、そうされてきたし、現にそうされているという事実を消してしまうのである。われわれの生きる世界から人の物体化の事実を消してしまう和辻は、それに抗して発する悲鳴に一個の人間的主体の叫びを聞き取ることはない。

4 人の肉体は資格をもつ

和辻が実践的行為的連関と呼ぶ人間の生活的諸連関において、人の肉体が単なる肉体であることはないというのである。人の肉体が生理学的対象となって医師による治療や手術を受けうるためには、特別な手続きと設備とを必要とした。また人を単なる肉体的欲望の対象とし、男女の接触を単なる肉体的接触とするためにはやはり特別な区画と設備とを必要とした。だがその特別な設備においてさえ人間の全くの肉体化は不可能であったと和辻はいうのである。生ける人間の肉体は、行為的関わりをもって生活する人間としての印《しるし》をもっている。その印なしの肉体、いわば物体化された肉体を生ける人間の世界で見出すことはないのだと和辻はいう。彼はこれを「肉体がすでに資格を持つ」という言葉でいっている。彼がいう資格とは、私がいう生ける人間の印である。生ける人間とは人間的関係性の中で生活する存在であるとすれば、資格とはこの関係性の印である。母親と嬰児のそれぞれの肉体もまた母と子という関係性の印をもっている。この関係性の印である資格をもつかぎり、人の肉体とはもともと個別的ではない。「肉体が資格を持つとすれば、肉体の個別性を見出すことは益々容易でなくなる」と和辻はいう。「主体的なるものの表現、具体的資格に於ける人としての肉体」は、個々の樹木のように個別化されることはないというのである。和辻はここで母親と嬰児の例を挙げていう。

母親と嬰児とは全然独立な二つの個体と考へることが出来ぬ。嬰児は肉体的に母親を求め、母親の乳房は嬰児に向つて張つてくる。もし両者を引き離せば猛烈な勢で互に相手を求める。……それによつて見ても母親の体と嬰児の体はつながつてゐるのである。

これは和辻倫理学を文体的特色をもって示したような文章である。ところで儒教では親子の関係を「天倫」という。すなわち親子とは天によって与えられた関係、まったくの自然的人倫だというのである。それに対して君臣の関係は人為的人倫である。父子・君臣・夫婦・兄弟・朋友を「五倫」として基本的人倫とするが、その中で父子は他の人倫から区別され「天倫」とされるのである。だが親子関係をもっとも自然な人的結合とするのは儒教だけのことではないだろう。ところが和辻は人的結合の差異を無視して、自然的結合としての母子関係を例証として、相互に引き合う人間の肉体をいっていくのである。生ける人間の印（資格）をもつ肉体は本来的に相互に引き合うというのである。親子と君臣という二つの関係間の区別は和辻にはない。母親と嬰児とがそれぞれの肉体のもつ資格であるというならば、君主と臣民もまたそれぞれの肉体のもつ資格である。母・子という資格をもつ肉体が離れがたいならば、君・臣という資格をもつ肉体も離れがたいことになる。そして企業主と従業員という資格をもつ肉体も離れがたいことになるだろう。こう見てくると和辻がいま引き合う肉体として語り出していることは、かなり際どい語りだとみなされてくる。彼の母親と嬰児をめぐる叙述の向こう側から、相互に引き合う肉体からなる人倫態という共同体幻想が浮かび上がってくるようだ。

和辻はわれわれの現実の生活において人間的関係性から切り離された一個の独立した肉体を認めることはないという。もし一個の肉体があるとすれば、行為連関的生活から切り離された人の視線にとらえられてである。一切の思い入れを消して一本の樹木を視、一脚の椅子を視るのと同様な視線で人の肉体が視られたとき、そこに一個の独立した肉体があると和辻はいうのである。主客対立的に二元化された世界で、客観的な対象として人の体がまったくの観察的視線で見られたとき、一個の肉体がとらえられているというのである。この肉体はただ客体として眺められた肉体である。「単に眺められた肉体は、その坐せる椅子と同じやうに、空間的にひろがれる物に過ぎい。肉体が物体視されたとき、はじめて一個の独立した肉体になる」。だが物として眺めるだけの視線は、われわれの生活的世界におけるものではない。むしろその世界から切れたところでもたれる視線である。それは「実践的態度を絶縁した立場でのみ起るのであつて、現実に即したものではない」と和辻はいうのである。

銅像の側で待ち合はせてゐる友人を見出したとき、我々は直接の所与として銅像と同じ形を持つた物体を見出したりなどはしない。最初から友人を見つけるのである。その友人と握手するとすれば、先づ物体としての手に触れ、その物体が友人の心によつて動かされてゐることを判断推論によつて知るのではなく、最初から友人その人に触れるのである。そこには肉体が単なる物体として見られる瞬間は一つもない。

友人に会うという日常生活でのありふれた事態において、「肉体が単なる物体として見られる瞬間は一つもない」と和辻はいう。だが肉体の物体視がないことをいう事例としてこれをいうとすれば、これはバカげた事例である。銅像の側に立つ友人を、銅像と同じ物体と見るなんてことはそもそもありえない。これは空々しいウソの事例である。このウソの事例によって、「肉体が単なる物体として見られる瞬間は一つもない」といったところで、これもまた空々しいウソの結論である。こうしたウソの事例によって、肉体の物体化はないと結論していく和辻の論理展開自体が空々しく思われてくる。しかしともあれ和辻は、われわれが相互的に関係し合っている生活世界で人間の肉体が個別化されること、すなわち物体化されることはないというのである。

ではもし肉体が個別化されることがあるとすれば、それはいかにしてか。そのためには「他の肉体との繋りを絶ち切り、他との間の引力を絶縁しなくてはならぬ。即ち肉体と肉体との間の繋りを破壊・否定することによつてのみ肉体の独立性は得られる」と和辻はいう。人の肉体が負っている関係性を絶ち切ること、いわば人間世界と絶縁することではじめて肉体は独立性をうるというのだ。肉体が独立するとは、「肉体が背負つている資格を破壊することであり、この資格の破壊は間柄的存在からの背反によつてのみ得られる」のである。まさしく肉体が個別化するとは一個の物体となることであり、したがって物体が人間の間柄を構成することはない。すなわちそれは人間ではない。逆にいえば人間が間柄的存在であるかぎり、その肉体が個別化され、物体化されることはない。かくて肉体の個別性を根拠にして人の個別的独立性をいうことは否定されるのである。

和辻は人間の単なる肉体化、客体的な物体化は、人間的世界から絶縁してのみありうるとした。それは人為的に抽象化された実験室におけるような境域での、まったくの観察的視線によってのみありうることだとした。そうすることによって和辻はわれわれの生活世界を人間の世界として救ったかに見える。だが人の肉体化、商品化、物体化は抽象化された境域ではなくして、われわれの現実のこの世界にこそあるのではないか。むしろそれをなしとする和辻の間柄的世界こそ逆に抽象的世界ではないのか。

5　人を物と化す視線

人を物体化するような視線は、実際に生活する世界におけるものではないと和辻はいった。はたして和辻はそうした視線に実際生活の中で出会うことがなかったのだろうか。出会ったとしても彼はそうした視線を向けた相手にただ人間の欠如態・否定態を見ただけなのだろうか。われわれ高齢者は街中で時に凍り付くような視線に出会うことがしばしばある。これは老人に向けた差別の視線である。差別の視線は人の心を氷のように凝固させる。人間であることを凍らせる。それは非人間的な、人を物化させる視線である。差別をこの世界から容易に消すことができないように、この視線をも消し去ることはできない。現実の世界はこの視線を絶えず生み出しているのである。

われわれははるか自国の境いをこえ、自文明の境いをこえていくと、物に化せられるような視線に出会うことがしばしばある。一九七〇年代の始め、子供連れでヨーロッパに滞在したとき、たとえば地方都市のレストランでしばしばこの視線に私は出会った。このアジア人の家族は何を注文し、何を、どのように食べるのかと、周辺のテーブルから実に遠慮のない視線を向けられる体験を私たちは何度かした。そうした場合には相手に向かって、“Was wollen Sie?（何かご用ですか?）”といってやればいいのだと後にドイツの知人に教えられた。それからは私たちを見世物に化する視線に出会う度に、この言葉を必ず使うことにした。私たちを見世物と化するこの視線は、ヨーロッパのオリエンタリズムを構成する視線でもある。私はパリの人類学博物館でガラスケースの中の標本になっている〈日本人種〉を見たとき、アジアに向けられたヨーロッパの視線の何かをはっきりと理解した。彼らの人類学的な視線は、日本人をガラスケースの中の標本にしていくのである。和辻なら、人類学という抽象化された学的視線によってはじめて日本人は標本になるというかもしれない。だが私はそうは考えない。人類学が日本人を標本にすることと、ヨーロッパの庶民が私たち日本人家族の食事風景を見世物として眺めることと、ともに相手を物化させるその視線の質において変わるものではない。両方とも珍しい見世物としてわれわれを見ているのである。先日、上野の国立博物館に「福沢諭吉展」を見にいって、そこで面白い写真に出会った。それは福沢が遣欧使節団に加わってパリに滞在した際（一八六二年）の写真である。髷を結った若き凛々しい武士福沢がそこにあった。その写真はパリの人類学博物館が、「日本人の典型的顔つきとして撮影し、展示した」ものであると写真説明されていた。ヨーロッパ先進文明の先駆的な紹介者となる福沢も、そのとき髷を結った珍らしい〈日本人種〉の見本とされたのであろう。しかし福沢はそこでは臆することなく堂堂と写されている。

　ところで人間の見世物化は、一九世紀後期の欧米先進国における万国博覧会での展示でなされていく。「人間の展示」をした最初のものは、一八八九年にパリで行われた万博であった。[5] フランス植民地の多数の原住民を博覧会場に連行し、博覧会の開催中、柵で囲われた模造の植民地集落のなかで生活させ、それを観衆に見せたという。この「人間の展示」はやがて急速な近代化を遂げていく日本で模倣された。日本の最初の帝国主義戦争がロシアとの間に始まろうとする明治三六年（一九〇三）、大阪の天王寺で開催された第五回内国勧業博覧会で「人間の展示」が行われたのである。学術人類館と呼ばれた展示館で、「内地に近き異人種を集め、其風俗、器具、生活の模様等を実地に示さんとの趣向」から、「アイヌ五名、台湾生蛮四名、琉球二名、朝鮮二名、支那三名」など都合三二名の男女が各地から集められ、それぞれの居住地を模して作られた区域で、現地生活の再現を強いられたのである。近代国家形成に向けて出発した日本人は、三十数年にして周辺の異人種・異民族を見世物として、まさしく人間を展示物として視る眼差しを獲得しているのである。先進国化し、帝国主義国化するということは、その国民が植民地住民、後進国住民に対するこうした視線をもつようになることでもある。欧米におけるアジア人に向けられた視線に敏感な日本人としての私にも、この視線は免れがたい。人を物と化する視線は、われわれの日常生活から隔離された領域でもたれるものではない。われわれの現実世界に差別が存在し、それが新たな形をもって絶えず増幅されていくとき、人を物と化する視線もまた新たな形をもって再生する。己れも免れないこの視線を伴《いつわ》るべきではない。むしろ自覚にもたらすべきである。人を痛める視線を向けた側には、人を痛めた自覚はない。痛むのは、その視線を向けられた側だけである。

第一次大戦を経て日本は一気に世界の大国の一つになった。和辻がドイツに留学したのはこの大国日本を背景にしてである。一九二七年の二月に日本を発った和辻は、シンガポールを経由し、インド洋を渡り、アデンを経て地中海に入るという長路の船旅をする。この旅行体験から和辻は経由した各地の文化類型論的な考察を展開していく。インド洋を渡った際の強烈な暑気と湿潤の体験から、「モンスーン」型という風土論的な文化類型が構成される。やがてアデンからアラビア半島ををかすめるように経由した体験から乾燥という自然的特性に対応する「沙漠」型という風土論的文化類型が構成される。そして地中海に入り、南欧の風土に接した和辻は、夏の乾燥と冬の湿潤というヨーロッパの自然的特性を見出す。こうして「牧場」型というヨーロッパの文化類型が構成されるのである。各地のこうした文化類型を構成する和辻とは旅行者であった。旅行者とはその地域の人びとと生活を共にする滞在者ではない。あくまで通りすがりの観察者である。その旅行者である和辻は、その旅が経由する各地とともに、旅の目的地であるヨーロッパの文化類型を構成してしまうのである。これは歴史的なパロディーだと、私はかつていった。(6) アジアとはヨーロッパからの旅行者《オリエンタリスト》の観察の対象であった。アジアとはヨーロッパとの対比からその文化類型が構成され、社会類型が構成され、そして生産様式が特定される対象地域であったのである。だが一九三〇年代にあっては、極東の日本からの一旅行者が、その旅行体験を通してヨーロッパの文化類型を構成してしまうのである。(7)

一九三〇年代の日本からの旅行者は、ヨーロッパのオリエンタリストの眼差しを自分のものにしているのである。それは人びととその生活をその土地の自然とともに観察する眼差しである。ここには文化類型的見本にまとめられていく人びととその生活が一方にあり、見本として認識していく観察者が他方にいるのである。これは和辻が人間の日常的行為連関から排除し、消去しようとした眼差しである。人間を対象物として観察する眼差しである。和辻は自ら否定するこの眼差しをもってはるかなヨーロッパへの旅をし、人びとの生活を文化類型に構成していったのである。

人を痛める視線を向けた側には、人を痛めた自覚はない。見本に作ろうとする眼差しを向けた側には、見本にされたものの無念さは分からない。和辻には己れの人を物とする眼差しへの自覚はない。

ましてや昭和のこの時期、大陸でどれほどの人びとがただの物とされ、殺戮されていったかを思い見ることはない。彼は間柄を構成するこの人倫的世界には、人の肉体化も、物体化も、商品化もないというのである。

親でもなく子でもなく男でもなく女でもない肉体はもはや「人」ではあり得ない。然らばそれは個別的物体ではあつても人間の個別性を示してゐるものではない。個別的物体は決して間柄を作りはしない。

果てしなく反論の言葉をつらねたくなるような奇妙な文章である。人を物と化す眼差しも、人を商品化することも、われわれが生活する世界において、われわれが日々に直面する事実である。その事実を消去して、間柄的存在としての人間とその共同世界をいっていくためには、こうした奇妙な、空々しい言葉を和辻倫理学は必要としたということだろうか。

7 人間共同体という倫理学の語り

和辻におけるヘーゲルとは何か

否定の否定としての個人の独立性の止揚は、必ず何らか人倫的な全体への帰属として行はれるのであり、個人が没入するのはその人倫的な全体である。

和辻哲郎「人間存在の根本構造」『倫理学』上巻

共同体の倫理とは、自由の理念が生きた善としてすがたをあらわしたものである。

ヘーゲル『法哲学講義』[1]

1　倫理学と人間共同体

人間は家族という自然的結合を基礎にした共同体を成し、また社会とともにさまざまな人間集団をも構成する。さらには種族的共同体や文化や言語の同一性に基づく民族的共同体を成し、その上に人間は国家という政治的構成体をも設けている。これらを人間の共同性に基づいて自然的に、また人為的に構成される人間共同体といえば、倫理学は人間のこの共同体の構成とどのように関わるのか。倫理学は人間共同体をどのように語るのか。だが近代日本の既存の倫理学、すなわち倫理学《エシックス》にとっては、恐らくこうした問いかけ自体が成り立たない。倫理学はすでに存立する国家を前提にして国民（公民）としての倫理規範なり道徳的責務は何かを論じることはあっても、国家や民族を倫理学的論究の主題なり対象とすることはない。それは国家学や政治哲学の問題であっても、倫理学の課題ではないと既存の倫理学者はいうだろう。わが国家の理念や民族の道徳的美質は、国民道徳論が語ることであった。国民道徳論は国家的な要請に基づく国家主義《ナショナリズム》的教科として、倫理学にあくまで附加されたものであった。家族・社会・国家という共同的世界とその世界に属する個々人を前提にして、その人びとの正しい行為、良い生き方とは何かの問いに答えようとする倫理学が、それが前提にする国家あるいは共同的世界そのものを問うことはない。

和辻がマルクスとともに社会的存在に人間的本質をとらえたとき、そして「倫理」や「人間」という言葉によって人間すなわち間柄的存在の理法の学として倫理学を規定したとき、すでに和辻倫理学はそれが予定する学的展開の中に人間の共同性とともに人間共同体をもったといえるのである。彼は倫理学の方法としての解釈学をいいながら、こういっていた。「生の表現とは間柄としての存在の表現であり、この表現の理解は自ら人を倫理に導く。逆に云へばあらゆる間柄の表現は、即ち社会的な形成物は、悉く倫理の表現である。従って倫理学の方法は解釈学的方法たらざるを得ない(2)」。和辻はここで解釈学的方法との関連でいっているのだが、ともかく間柄的存在という人間の把握が人間の社会的形成物をことごとく倫理学的な理解可能な対象とするといっているのである。人間共同体とは人間の間柄性（共同性）そのものの実現（表現）であり、したがって和辻の倫理学的理解の中心となるべき問題であるだろう。「人間の学としての倫理学」とは人間共同体を、すなわち民族や国家を語りうる、語ろうとする倫理学である。既成の倫理学《エシックス》からの和辻倫理学の転回は、何よりもその点にあるといえるだろう。それゆえ既成の倫理学の附加物であった国民道徳論を、和辻倫理学は己れの中に包摂してしまうのである。

2　ヘーゲルを介すること

では和辻はどのような論理をもって人間とその共同的形成物を倫理学として語ろうとするのか。

人間を間柄的（共同的・社会的）存在と規定し、その人間の学としての倫理学をいうかぎり、和辻倫理学は当然のこととして人間の共同的形成物すなわち人間共同体を学的な考察と記述の対象としてもつことになる。だがそのことは国家やその機関が政治学の対象となり、社会とその集団が社会学の対象となることと同じことであるのか。そう問うたら、和辻は直ちに違うというだろう。倫理とは間柄的存在としての人間の理法であり、人間共同体においてこの理法を把握し、概念化し、記述する倫理学は、国家や社会そのものを成立させる人間的基盤にかかわる学だと彼はいうだろう。それでは倫理学とは国家哲学であり、社会哲学でもあるということではないのか、なぜ彼はそれを倫理学であるというのか。これは和辻の『倫理学』ことにその中巻に向けられた正当な反論だと私は思っている。彼がなおこれを倫理学だということによって和辻倫理学が成立するとすれば、なぜこれが倫理学かと反問することによって和辻倫理学解読への糸口をわれわれは見出すことができるのではないか。

家族・社会・国家という現実的な人間的形成物が、認識対象としてではなく哲学的論理において把握され、自らの哲学的展開として論述されていったのはヘーゲルにおいてである。ヘーゲルにおけるこの哲学的展開は最終的に『法哲学綱要（Grundlinien der Philosophie des Rechts）』（一八二一年）にまとめられ、それに基づく「法哲学講義」がなされていった。和辻がいま人間共同体を倫理学的な論理とその展開として把握し、記述しようとするとき、彼にとってヘーゲル哲学の参照は不可避の要請であったであろう。ヘーゲルの参照なくして和辻の少なくとも『倫理学』上巻における「人間存在の根本構造」の記述はないし、中巻における「人倫的組織」をめぐる考察もないといっていい。だがいまヘーゲルについての言及をあえて中断する形で、ヘーゲルなどをまったく知ることのない江戸時代における儒学をここで回想してみたい。その時代、儒学は当然のこととして己れの論理の中に人倫的世界をとらえ、あるべき人倫の道を提示していったのである。儒学とはもともとそのような学であった。すなわち対象化された人間世界を己れの学の論理のうちに取り戻して語り出したわけではなく、もともと儒学の論理のうちにそれはあったのである。人倫を説くことが儒学であった。だから和辻倫理学がその論理の展開の中に人間とその共同的形成物を「人倫」「人倫態」「人倫的組織」としてもっていったとき、それは儒学の近代的再興と見紛うものであった。まさしく和辻は「倫理とは何であるのか」という問いに、儒家概念「倫理」の解釈学的再構成をもって答えていったのではなかったか。たしかに和辻倫理学とは昭和近代に再生した儒家的人倫の学だとみなされるのだ。では和辻倫理学においてヘーゲルとは何なのか。儒家的人倫概念を近代的概念として焼き直すためにヘーゲルの "Sittlichkeit" が必要であったということか。いやそれ以上に、和辻倫理学がその学的論理の成立のためにヘーゲルを必要としたというならば、それはどこで、どのような意味においてなのか。和辻は昭和の日本近代にヘーゲルを介することで儒家的人倫の学を「人間の学としての倫理学」として再生させたというとすれば、それはヘーゲルの何を介することによってなのか。

3 「人倫」概念の再構成

論文「倫理学」をマルクスから始めたとき、和辻はまだ己れの議論の展開に不可避なものとしてヘーゲルの哲学的思惟を見てはいなかった。和辻は『人間の学』でヘーゲルの『人倫の体系』を略述することを通じてはじめて彼の倫理学説（Sittenlehre）に正面することになったと思われる。和辻はこの『人間の学』を刊行した昭和九年（一九三四）に東大教授に赴任するが、東大における最初の倫理学演習の題目は「Hegel, Grundlinien der Philosophie des Rechts.（法哲学綱要）」であったという。[3] ただこれは京大における最後の昭和九年前期の演習題目でもあった。このことは『倫理学』上巻を執筆し、中巻を構想しつつある時期の和辻の関心がヘーゲルの『法の哲学』に向けられていたことを示すものだろう。

> 倫理は自由の理念である。即ちそれは、自己意識に於て自らの知識及び意欲を有し、且つ自己意識の働きによつて現実性をもつところの生ける善である、そしてこの自己意識は、倫理的存在に於て自らの即而対自的に存在する基礎及び動的目的を有する。——かくて倫理は、現存世界に発展すると共に自己意識の本性に発展せる自由の概念である。[4]

ここに引いたのはヘーゲルの『法哲学綱要』第三部「倫理」冒頭の一四二節である。私はこれを日本における最初の翻訳とみなされる速水敬二・岡田隆平共訳『ヘーゲル法の哲学綱要』から引いた。

この翻訳は昭和六年（一九三一）に鉄塔書院から刊行されている。ところで私がこの翻訳を国会図書館で見たのは、『法の哲学』の最初の訳本を探し求めてではなかった。ヘーゲルにおける Sittlichkeit を昭和初年の日本でどのような訳語をもってとらえているかを知りたかったからである。私は和辻のいう「人倫」「人倫態」とは、儒家概念としての人倫をヘーゲルの Sittlichkeit の訳語とすることで近代的に再構成された概念ではないかと考えているのである。現在では Sittlichkeit の有力な訳語として定着しているかに見える「人倫」も、あるいは和辻の用法に始まるのではないのか。そんな疑いをもって私は国会図書館に行ったのである。ちなみに現行の国語辞典は、「人倫」の語を①儒家的概念としての意味すなわち「人と人との秩序関係」と、②「人間・人類」という漢語的意味と、③ヘーゲル的用語としての意味すなわち「客観化された理性的意志。その実体は家族・市民社会・国家」とを挙げて説いている（『広辞苑』第四版）。もちろん戦前の辞書に③の意味などはない。だが現在日常的には使用されない「人倫」という語を知るものの多くは、これを Sittlichkeit の訳語として承知していても、これが儒家の基本概念であることをほとんど知らない。ともあれ私は「人倫」概念の考古学的関心から『法の哲学』の初訳本を見ようとしたのである。

速水・岡田の共訳になる『法の哲学綱要』は、上に引くように Sittlichkeit を「倫理」と訳している。ヘーゲルはいま自由の意志をもつ人間の自己意識的行動が、人間共同体という現実の存在に具現せしめていく自由の理念を Sittlichkeit といい、それを生きた善ともいっているのである。Sittlichkeit はいうまでもなく Sitte に基礎を置いた概念である。Sitte とは人間の共同生活が作り出し、維持していく共同的慣習であり儀礼である。そこに共同体的な秩序や道徳を見るときにSittlichkeitという概念が構成されてくる。儒家において共同体的慣習や儀礼は「礼」という概念をもっていわれてきたのである。それは決して「人倫」ではない。ところでヘーゲルはいまこのSittlichkeitの概念に近代的魂を入れていくのである。近代とは人間がその自己意識として自由の意志を明確にしていく時代である。ヘーゲルにおいてSittlichkeitは、この自己意識の意欲と行動によって共同体的生活に生き生きと顕現される道徳性、すなわち生きている善だとされるのである。これを「倫理」と訳せば、人間の共同的な生活に具現される道徳性として新たな倫理概念を構成していくことになるだろう。ヘーゲルのいう「法」はSittlichkeitの概念に包括されるとすれば、彼の「法の哲学」を「倫理学」と呼んでも決して間違いではないだろう。ちなみに上に引いた一節を、長谷川宏による十分に咀嚼された訳をもって示せば次のようである。

> 共同体の倫理とは、自由の理念が生きた善としてすがたをあらわしたものである。そこでは、善が自己意識に知られ意志されるとともに、自己意識の行動を通じて現実性をも獲得している。とともに、自己意識は、共同体のうちにみずからの絶対の基盤と、みずからの行動を導く目的とを見いだすので、ここでは、自由の概念が、現実の世界として目の前にあるだけではなく、自己意識の本性ともなっているのである。(5)

和辻はヘーゲルのSittlichkeitを「人倫」と訳した。もちろん私は和辻がこの訳語の創出者だと確定するわけではない。私のこの訳語をめぐる考古学的調査はまだ不十分である。ただ彼がこの訳語をもっとも早く使い始めた一人であることに間違いはない。和辻がSittlichkeitを「倫理」とはせずに「人倫」としていったのは、彼はヘーゲルのこの概念によって直ちに倫理学を構成することはしないことを意味している。「倫理」概念はすでに間柄的存在の理法として和辻において再構成されていたのである。つまり間柄的存在としての人間（人倫）の学として倫理学は和辻に構想としてもすでにあったのである。すでにある和辻の倫理学の中にSittlichkeitは「人倫」として訳し出されていったのだ。それはすでにある儒家的人倫概念を近代的に再補強するかのように。たしかにそうだ。和辻倫理学はそれによって家族・市民社会・国家という人倫的実体を学的展開と記述の中にもっていくことになるのである。だがそこに展開されるのは決してヘーゲルのSittlichkeitの倫理学ではない。和辻の人倫の学としての倫理学である。

ヘーゲルにおいてSittlichkeitとは人間の共同体に現実性をもって成る自由の理念であり、生きた善である。したがってSittlichkeitとは人びととその共同的活動によって共同体に顕現する自由の理念であり、精神でもある。ヘーゲルが「理性自身の労働」といっていることを、上のように「われでありわれわれである」人びとの共同的活動といって間違いはないだろう。[6] 理性的意志の活動とその成果と不可分なヘーゲルのSittlichkeitを、和辻は「倫理」ではなく「人倫」として己れの倫理学の中に溶かし込んだのである。彼はヘーゲルのSittlichkeitの倫理学を拒否したのだ。和辻の人倫とは、自由を実現する理性的意志の活動とは無縁の概念である。では和辻においてヘーゲルとは何なのか。

4　否定の弁証法

和辻において人倫はヘーゲルのSittlichkeitを背後にもつことによって近代的な倫理学的概念として再生する。儒家における人倫とは人間社会の基本として重視される間柄をいう概念であった。一方Sittlichkeitとは、すでにいうようにSitteを基盤に構成される概念である。Sitteとは人間の共同性が作り出していく習俗や儀礼といった客体的な形成物である。それは人間の共同体を前提にしている。ヘーゲルはこの人間の共同体を含む共同的形成物に近代の自由の魂を吹き込むことによって「生ける善」としての"Sittlichkeit"の概念を構成するのである。だからこれを「倫理的共同体」として訳して決して間違いではないし、むしろそれは正確な理解だということができる。和辻は人倫の語の背後にSittlichkeitを置くことによって、人間の共同体をはじめとする共同的形成物を内包する概念として再構成しようとする。ことに「人倫態」とか「人倫的組織」という語をもって倫理的共同体としてのSittlichkeitに対応させるのである。だが人倫態とはただ人間共同体をいうのではない。それは倫理性をもった人間共同体をいうのである。和辻が国家を最高の人倫的組織だというとき[7]、それは最高の倫理性をもった人間の共同的組織体だといっているのである。だが和辻はSittlichkeitがヘーゲルにおいて倫理的共同体であるゆえんを彼と共有することを拒否したのではなかったか。和辻において人倫・

人倫態とは理性的意志による労働の成果でもなければ、自由の理念の現実性でもない。では間柄的存在としての人間の自己形成としての人間共同体は、和辻においていかなる意味で倫理的であるのか。人間の共同体的形成それ自体が、直ちに人倫の形成として倫理性をもっていく和辻倫理学の詐術のごとき展開の論理をわれわれは解き明かさねばならない。

> 否定の否定は絶対的全体性の自己還帰的な実現運動であり、さうしてそれがまさに人倫なのである。だから人倫の根本原理は、個人（即ち全体性の否定）を通じて更にその全体性が実現せられること（即ち否定の否定）に他ならない。それが畢竟本来的な絶対的全体性の自己実現の運動なのである。(8)

否定の否定という絶対的全体性の運動が人倫だと和辻はいうのだが、この人倫の規定を導く和辻の説明を聞かなければわけがわからない。ここで問われているのは、人間がそれぞれ個々人として、その行動を通じてある全体性（共同性・社会性）を形成していく原理である。和辻はこれを否定の否定という二重的否定性の運動原理といい、これを人倫の根本原理というのである。とすると人間の共同体形成の原理が人倫の原理とされるのは、これが否定性の原理であることによるだろう。あらためてわれわれは和辻のいう否定性の原理を見てみる必要がある。

和辻はすでに見たように「独立自存の個人」を否定していた。それは思惟における仮構物にすぎないといっていた。(9) とすると私が上にいった、「人間がそれぞれ個々人として、その行動を通じてある全体性を形成していく原理」といったいい方は許されるのか。「独立自存の個人」を否定しても、ある全体性を構成していくのは個々人であることを和辻も認めざるをえない。ではその個人とは何か。和辻はある全体性から背き出た個人というのである。全体性を背き出たもの、その否定者としてしか個人はないと和辻はいう。個人は全体性の否定である。全体性の否定者というラベルを貼られてはじめて人は個人となるのである。個人とは全体性の欠如者である。欠如者ということは、個人は本質的に全体性を前提にし、全体性に規定されていることである。だから和辻は「個人は全体性の否定であるといふまさにその理由によつて、本質的には全体性に他ならぬ」というのである。個人はその欠如を通じて自己を自覚する。その自覚とは己れの本質である全体性の呼ぶ声を聞くことである。個人はかくて自己否定的に全体性に還帰するのである。ではまず全体性があるのか。全体性とは個人がそこから否定的に背き出るものとしてあるのであり、この否定する個人を含まない全体性はないのである。とすると個人と全体性を二つの契機とした人間存在による全体性の形成の運動とは根源的に否定の運動だということになる。和辻はかくてこういうのである。

人間存在が根源的に否定の運動であるといふことは、人間存在の根源が否定そのもの即ち絶対的否定性であることに他ならない。個人も全体もその真相に於ては「空」であり、さうしてその空が絶対的全体性なのである。この根源からして、即ち空が空ずるが故に、否定の運動として人間存在が展開する。

この言葉に続けて和辻は私が上に引いた否定の運動としての「人倫」をいっていくのである。和辻倫理学における人倫概念の成立はこの否定の運動としての人間存在の把握によるのである。ただ Sittlichkeit の訳語としてではない。そしてここにはヘーゲルの Sittlichkeit の概念を消極的に訳語「人倫」としてだけ受け入れた和辻が、ヘーゲルから積極的に取り入れたものが何であるかが明らかにされている。それは絶対的全体性（否定性）の否定的展開の論理、否定的弁証法の論理である。

ヘーゲルは物の本質的な同一性を、その自己同一的なあり方においてではなく、その物がそれ自身の否定的な対立者になり、さらにその対立者を否定して、それを自己自身に統合していく過程として把握する。ヘーゲルは理念とは否定的弁証法的な過程だというのである。「理念とは本質的に過程である。というのは、理念の同一性はそれが絶対的否定であり、したがって弁証法的であるかぎりにおいてのみ概念の絶対的な自由な同一性であるのだからである」[10]。ところで理念とは何だろう。「理念は他者における自分自身の永遠なる直観である。［理念は］自分の客観性において自己自身を実現してしまっている概念であり、内的合目的、本質的主観性であるような客観である」とヘーゲルはいう。これらの言葉を見れば、理念とは、主観性の概念であるとともに、その対立物である客観性においても自己自身を実現する概念である。その理念を、否定的弁証法としてそれ自身を展開していく過程というのである。しかし理念をめぐるヘーゲルの上に引くような言葉を見ると、私のこうした解説をこえるヘーゲル的思惟の魂というべき激しい精神の迸りを感じる。それは人間の客体的世界を人間自身の理性的活動のうちに捉えきろうとする哲学的情熱である。否定的弁証法とは理念の自己実現の過程であるとともに、ヘーゲルの哲学的展開を突き動かす思惟の魂であるようだ。「弁証法的なものは学的進行を促し動かす魂であり、内在的関連と必然性とを学の内容の中へともたらす唯一の原理である」とヘーゲルはいっている[11]。

和辻がヘーゲルから受容したのは彼の哲学的思惟の魂というべき否定の弁証法である。だがヘーゲルの Sittlichkeit を「人倫」として受容しても、ヘーゲルがそれに吹き込もうとした魂を和辻は受け取ることをしなかったように、否定的弁証法を受け取っても、ヘーゲルの思惟の魂を受け取ることはしない。たしかに絶対的否定性という否定的運動原理として和辻の「人倫の根本原理」ははじめて成立する。だが否定の弁証法が理念の弁証法でもなく、現世的人間存在の理法となることによってそれは何を生み出したのか。それは否定性として全体性へと還帰する運動を媒介する否定的個人という欠如態である。個人とはそれへの還帰の呼び声を内に聞き続ける全体性の欠如態である。「空の否定としての個人がこの否定に滞留して否定の否定を拒み切るならば、その時限り（人間の）結合は解消する[12]」と和辻はいう。否定的な個人への滞留は悪である。人倫の学としての和辻倫理学がまさしく倫理学であるゆえんがここから見えてくるではないか。否定の弁証法は和辻の人間の学を全体性の倫理学として実現させるのだ。

否定の否定としての個人の独立性の止揚は、必ず何らか人倫的全体への帰属として行はれるのであり、個人が没入するのはその人倫的全体である。ここでもそれは家族、友人、会社、国家などのいづれであつてもよい。とにかくそれへの合一に於て、超個人的意志、全体意志、義務的行為などが云為せられ得るのである。しかもこの有限的全体の実現が、まさに絶対的否定性の自己への還帰である。[13]

8 なぜ二人共同体から始まるのか

「公共性の欠如態」としての共同体

夫婦が身心の悉くを含めての互の全存在をあますところなく与へ取るといふ和合でなくてはならぬのである。……特に「身を委《まか》せる」といふ云ひ現はしが示唆してゐる如く、身体的な合一を含む点に於て他の共同存在よりも徹底的なのである。

和辻哲郎「家族」『倫理学』中巻

1　人間共同体の倫理学

和辻は人間共同体を倫理学として語ろうとする。人間とは共同存在であり、その理法を明らかにすることこそ和辻のいう「人間の学」としての倫理学である。だが倫理学が人間の共同存在のあり方を語るというとき、それは儒教的伝統における「人倫」の現代的な倫理学的再構成以外の何なのかという疑いを人は当然もたざるをえない。実際、和辻は「倫理」「人間」というわれわれの伝統における言葉の解釈学的な再構成によって「人間の学」として倫理学をまず基礎づけていたのだから、和辻倫理学はこの疑いを最初から背負っているのである。このわれわれとは、すでにいうように漢語的・儒教的伝統を負う中国・日本・韓国のわれわれである。だが昭和〈近代《モダーン》〉の和辻は直ちにわれわれの伝統によって倫理学を再構成しようとはしない。日本近代における伝統の再構成はもう「東洋倫理学」「儒教倫理学」としてすでになされている。和辻が嫌悪する時代遅れの倫理学者によって、しかも時代迎合的にそれらはすでに語り出されているのだ。では昭和の和辻は人間の共同存在を、あるいは人間共同体をどう語るのか。彼は儒家的「人倫」概念を、すでに前章に見たように[1]、ヘーゲルにおける“Sittlichkeit”の概念を介して新たな共同体的倫理の意味における〈人倫〉に焼き直して語っていくのである。これが昭和のモダーンなナショナリスト和辻の語り口である。ヘーゲルの Sittlichkeit を介することによって国家や民族や社会は、家族と同様に〈人倫〉あるいは〈人倫態・人倫的組織〉になるのである。〈人倫態・人倫的組織〉とは和辻の新たな〈人倫〉概念から派生する倫理学的新造語である。国家・社会・家族という共同体は和辻の倫理学的な語りの中に取り入れられて〈人倫態〉となる。だがそれらがあくまで〈人倫態〉として語り出されるとき、和辻倫理学は儒家的伝統の昭和〈近代《モダーン》〉における再生の語りであるとの徴表を免れがたく負うのである。

和辻が人倫的組織という家族から国家にいたる人間共同体を中心課題として叙述していったのは『倫理学』中巻においてである。和辻は『倫理学』の上巻を第一章「人間存在の根本構造」と第二章「人間存在の空間的・時間的構造」とによって構成し、それに続く第三章「人倫的組織」をもって『倫理学』中巻を構成する。この第三章は「家族」から「親族」「地縁共同体」「経済的共同体」「文化共同体」、そして「国家」にいたる人間の共同体的形成の諸段階とその倫理学的な意義とを明らかにするものである。

ところで和辻は家族から国家にいたる人間の共同体的形成の諸段階を何によって、どのように区切ろうとするのか。

2　公共性の概念と共同体

「人間」という言葉は、もともと人であるとともに世間・世の中を意味した。この世間・世の中とは、「世間に知られる」「世間に洩れる」と人びとがいうように、「物事のあらわになる場所」を意味すると和辻はいう。この世間がもっている性格、すなわち物事をあらわにして知らせるという性格を和辻は〈公共性〉の概念をもっていおうとする。物事がそこにおいてあらわになること、すなわち〈公表〉されること、また物事がそこにおいて広く知らされること、すなわち〈報道〉されることとは公共性概念を構成する二つの大事な契機である。物事がそこで公表され、報道されることは、物事がそこで広く人びとに分かち持たれることを意味している。だから世間が公共的であるとは、人びとはそこで物事を分かち持つことの可能性があること、いいかえれば人びとはそこで参与の可能性をもつということである。そこから和辻は「公共性は参与の可能性であり、参与は公表や報道に於て可能にせられる[2]」ことだというのである。

和辻が「世間」によってするこの公共性の概念構成は、public, öffentlich であることをもって近代市民社会を規定する西欧におけるこの概念のあり方を想起させる。もちろん「公共性」といった言葉自体は翻訳語としてしかありえない。ただ和辻が公共性をもって性格付けているような世間のあり方は、すでに日本の近世社会には存在している。すなわち公儀としての幕府の統治に包摂されながら、日本の近世都市には独自な町人的世界が、だれもがそこで事件や事柄に与り知りうるような世界として成立している。だから公共性という概念は、西欧にしろ日本にしろ近世都市における民間的な情報を分かち合う空間すなわち世間の形成と不可分な概念であるはずである。ところが和辻はこの公共性の概念を、近世的な社会概念としてではなく、人間が構成するさまざまな段階における共同存在のあり方を規定していく概念として用いるのである。すなわち限定された公共的あり方、いいかえれば他者の参与が限定されているあり方にしたがって、それぞれの公共的段階の共同体が存在するというように。公共的あり方が限定されることで、それだけ他者参与の可能性のない閉鎖的な共同体があることになるのである。

和辻は公共性の概念を開かれた社会のための概念としてよりは、閉ざされた共同体のための概念として用いるのである。だから家族とは世間に対して限定された公共性をもった、すなわち家族のみに参与の可能性を認めた閉ざされた共同体である。和辻はこの限定された公共性、ある範囲に閉ざされた共同体を「公共性の欠如態」あるいは「私的存在」というのである。「家族、仲間、村落等の団体は、その成員に対しては公共的な場面であるが、然しより大きい公共性に対しては私的存在の性格を担い得るのである」と。和辻はこのように公共性の概念を近世の都市社会から引きはがし、人間が形成する共同世界を段階的に規定する概念としていく。そのとき人間のそれぞれの共同世界はある範囲に限定された公共的世界、すなわちある範囲に閉ざされた私的世界、閉鎖的な共同体となるのである。

> 公共性がさまざまの度に於て欠如するのは、丁度共同性がさまざまの仕方で実現せられることに他ならぬのである。

以上によって我々は私的存在が公共性の欠如態として共同存在の一つの様態に他ならぬことを明

かにした。共同存在は私的存在たることを通じて己れを実現するのである。然らば我々は私的存在のさまざまな段階を辿ることによつて共同存在の実現段階をも辿ることが出来るであらう。

人間の共同存在は公共性が否定的な限定されたあり方として、すなわちその欠如態としてはじめて存立するとされるのである。「共同存在は私的存在たることを通じて己れを実現する」という和辻の言葉は、市民的公共性という社会哲学的概念をもって語られる近代社会像の対極を描きだそうとしているかのようである。なんのために和辻は公共性をいったりするのか。それは最終・最高の人倫態としての国家のために「公」概念をとっておくためなのか。国家にいたる人倫の実現過程にはただ累々たる欠如態としての人倫的組織があることをいうためなのか。公共性の欠如態〈私的存在〉としての共同存在をいうための公共性概念への和辻の言及は、和辻倫理学という昭和〈近代〉イデオロギーの構成の秘密を解く鍵を与えているようである。

3 市民的公共性

プロイセンのフリードリヒ二世がフランス革命の直前の一七八四年に、私人の「公然たる判断」を禁止する勅令を発している。「私人は、君主や宮廷やその国吏、閣僚、判廷の行動、手続き、法律、措置、指令などについて、公然たる判断、まして非難にわたる判断を下したり、これらについて入手した報告を公知させ、あるいは印刷によって流布させせたりする資格はない。私人には事態や事由についての完全な知識が欠けているから、彼らにはこれらを批判する資格も全くないのである。[3]」ここで禁止されている「公然たる判断」こそ、間違いなく公権力に属するものとされてきた公共性を指すものだとハーバマスはいっている。ここにあるのは公権力に属してきた判断に、私人すなわち民間人がその正当性を問いながら介入してくる事態である。この事態をハーバマスはこう説明している。「(公共的判断を構成する場は)今や、公権力から分離したひとつの民衆広場となり、ここで公衆として集合した民間人が、公権力を公論の前へ引き出してその正当性の証しを求めるようになるのである。公儀は公衆へ発展し、臣民(subjectum)は主体(Subjekte)となり、政府の下知の受け手は、政府の契約の当事者となる」のだと。

いま私はハーバマスの『公共性の構造転換』によって、一八世紀における市民的公共性概念を抗争的な事態を通じての成立を見ようとしている。われわれがいま市民社会を特質づけていう公共性とは、既存の公儀的世界におけるその社会的活動の正当な認知を主張する商人・手工業者たちの私人集団が公衆を形成することを通じて抗争的に獲得した公共的正当性である。ある事柄、ある主張は、公開的であることを原則とする公衆的批判を経由することによってはじめて公共的な正しさとして認知される。私人・民間人は公衆(public)となることによって市民となる。公共的であることとは、私人が私人として公衆的であることであり、いいかえれば市民社会を構成することである。公共性とはかくて市民社会の成立と不可分な概念である。いうまでもなく公共性は、公開的であること、だれもが参与の可能性を等しくもつことを前提にしている。ドイツ語のÖffentlichkeitは、公共性をめぐるこうした経緯をその語のあり方として示している。公共的であること、公開的であることをいうÖffentlichkeitは、そのまま社会であり、世間をも意味するのである。

和辻は恐らく公共性をいうときこのÖffentlichkeitの翻訳語としていっているのである。「世間に知られる」ということから世間の公共性を導いたり、公開性、参与の可能性をもって公共性を定義したりすることから見れば、彼が公共性概念を翻訳的に導入していることは明らかである。だが和辻はこの公共性をその成立母胎である市民社会から引きはがすようにして導入するのである。人間の共同存在を〈公共性の欠如態〉として規定するために。〈公共性の欠如態〉をいうために、ただそのために公共性概念を導入すること、それはヨーロッパ市民社会への和辻の怨念に満ちた作為を思わせる。

4　和辻〈人倫の体系〉の展開論理

人間共同体について家族・社会・国家というように具体的な構成体を順次挙げていうとき、それはすでにヘーゲル的論理にしたがっている。なぜ家族から社会へ、そして社会から国家であるのかは、それがまさにヘーゲル法哲学の展開の論理であり、同時にそれが精神の自己実現の過程であるからである。ところで否定的な弁証法といわれるこの精神の自己実現の過程が成立するには、市民社会がヘーゲルの考察対象として大きな比重を占めるものにならなければならなかった。ヘーゲルに市民社会論が成立してはじめてあの家族・社会・国家という『法の哲学』における展開の論理もまたあるのだろう。ところでいまヘーゲルの家族・社会・国家という共同体論の展開の論理をいうのは、和辻がヘーゲルにしたがうかのごとく展開する〈人倫の体系〉がヘーゲルとはおよそ異質のものであることをいいたいためである。和辻にとって市民社会とは全く否定的なものとしてしかない。ヘーゲルにおいて市民社会は否定的であっても、それは精神の弁証法的な自己実現過程における不可避の契機であり、段階であった。これがなければヘーゲルの〈人倫の体系〉自体が成り立たない。しかし和辻にとってはそうではない。市民社会とは彼の〈人倫の体系〉を成立させるための不可避の契機ではない。これはなくてもいいのだ。とすれば和辻において〈人倫の体系〉を成立させる論理とは何か。

和辻がヘーゲルにおける〈精神の自己実現過程〉に置き換えたのは、人間における〈共同体の段階的形成過程〉である。間柄的存在であることを人間的本質とする和辻は、それぞれの共同体的形成を人間の自己実現過程としてとらえる。しかしこの共同体的形成を人間の自己実現の過程として見るためには、そこに展開の論理が見いだされねばならない。彼はこの論理を〈欠如する公共性〉に見いだすのである。「公共性がさまざまの度に於て欠如するのは、丁度共同性がさまざまの仕方で実現せられることに他なら」ないと和辻はいうのである。公共性を欠如する度合いに応じて、それぞれの段階に、それぞれの共同体が私的性格をもって成立するというのである。だから「共同存在は私的存在たることを通じて己れを実現するのである」ならば、「我々は私的存在のさまざまの段階を辿ることによって共同存在の実現過程をも辿ることが出来る」と和辻はいうのだ。かくて和辻における〈人倫の体系〉とは、公共性をそれぞれに欠如した私的存在としての人間共同体の体系となるのである。ではそれはいかにして〈人倫態〉すなわち倫理的共同体の体系であるのか。

5　なぜ二人共同体か

和辻は共同存在の実現過程をどこを出発点にして辿ろうとするのか。二人共同体、すなわちもっとも私的な性格をもった二人からなる共同存在が出発点になるのである。和辻はさきに公共性をそこへの参与の開かれた可能性として規定した。しかしそれぞれの段階における共同存在とは、この公共性を限定した形で、すなわち他者参与の可能性を限定し、閉ざした私的性格をもって成立するのである。だから二人共同体とは、「ただひとりの相手以外のあらゆる他の人の参与を拒む(4)」共同存在である。とすればこの二人共同体こそ共同存在の実現過程を辿ろうとするものにとって出発点だということになるだろう。和辻は出発点としての二人共同体を、すでに考察の始めでこう性格づけている。

> このただひとりの例外に対して徹底的な相互参与を求める点に於て、この私的存在（注・二人共同体）は明白に二重性格を帯びてくるのである。即ち内に於て「私」を徹底的に消滅せしめることが、同時に外に対して最も顕著に私的存在の性格を与へる所以なのである。

ここでは二人共同体は、もっとも私的な共同存在ということ以上の性格づけがなされている。それはすでに和辻的に概念構成された二人共同体である。滅私的な相互の参与という二人の間における徹底した共同性の実現とは、同時に第三者のその関係への参与を全く排斥する形でなされる排他的な、私的共同性の実現である。このように類型構成される二人共同体とは、和辻のこれからの叙述をまつまでもなく、純粋な愛の結合からなる男女（夫婦）共同体であるだろう。和辻はこの二人共同体は、「顕著な私的存在でありながらしかもまた顕著に共同存在の実現を示している」というのである。これが上にいっている二人共同体の「二重性格」である。二人共同体とは全くの私的存在であることによって、共同存在の徹底した実現なのである。かくて二人共同体とは〈人倫の体系〉の出発点であるとともに原点でもあるのだ。和辻倫理学は答えをいつでも最初に提示する。これは和辻の思考と論述のスタイルである。二人共同体がなぜ〈人倫の体系〉の出発点でもあり、原点でもあるのかを、彼は「二人共同体」の節に入る前にすでにいってしまう。和辻の論述とは、すでにみずから提示した答えを、論証し、予想される異説に反論しながら説得的に展開するものである。答えは分かっていながらも、これは読み物としても面白い。教会の神父まがいの語りが展開される。

出発点において和辻は二人共同体が男女の関係だとはいっていない。だが二人だけが分かち持つ特殊な内容への共同参与という意味での二人共同体は、その内容が失われればその共同も消滅するだろうし、また参与は二人だけに限られることもない。三人でもよいことになる。だから二人共同体とは双方の全面的参与を要請する共同体である。双方が掛け替えのない存在としてあるような共同体、双方の全的な参与によって一つの全体がそこに成立するような共同体、それが二人共同体である。ではそのような二人共同体とはどこにあるのか。

共同存在の二人性が必然的であり、第三者の参与を許さないことが本質的であるやうな二人共同体は何処にあるか。二人の間の私的存在が一つの全体としての共同存在を形成してゐるやうな二人共同体は何処にあるか。我々はそれを男女の間の存在共同に見出し得ると思ふ。

二人共同体を排他的な二人による全的な相互的参与の共同存在と理念的に類型化することを通じて、はじめてこの二人共同体とは男女の間の共同体であることがいわれるのである。したがってここからなされるのは男女（夫婦）共同体の、〈人倫の体系〉の出発点でもあり、原点でもあるものとしての人倫的理念型の構成作業である。

6　二人共同体・性愛と夫婦

ここで和辻がしようとしているのは、男女関係をあの原点的な二人共同体として再構成することである。もちろん彼はこの二人共同体を男女の性愛的な関係の本来的あり方として見出そうとするのである。これは和辻がさきに人間の単なる肉体化は人為の抽象にすぎないと論じた際の議論を思い起こさせる。[5] 彼はそこで女性の肉体が商品化される遊郭という特別な境域においても、なお全くの肉体化は不可能であることをいっていた。この論法はここでもくりかえされる。たとえば、「たとひそこに愛や人格の契機が欠けてゐるとしても、少なくとも愛あるが如き素振り、人格を尊重し合ふかの如き擬態なくしては売淫の現象そのものが成り立たないであらう」と和辻はいったりする。肉体が商品化された男女関係においてもなお愛が擬装されるのは、愛のない男女・夫婦関係とは本来的にはないことを意味している。あるとすればそれは本来性の喪失態としてだというのである。これは何なのか。和辻はいったい何をいおうとしているのか。なぜ和辻はこうした現実を隠蔽するような純愛物語めいた議論をするのか。これは彼の倫理学的な論理そのものの問題なのか。ここでの問題としていえば、男女二人共同体を原点とし、出発点とすることの問題である。この男女二人共同体が〈人倫の体系〉の原点であり、出発点であることの根拠、論理的な必然性はどこにあるのかの問題である。

『倫理学』中巻を構成する第三章「人倫的組織」は「家族」（第二節）から始まり、「親族」（第三節）、「地縁共同体」（第四節）、「経済的共同体」（第五節）、「文化共同体」（第六節）を経て、「国家」（第七節）にいたる。これを見れば和辻における〈人倫の体系〉の叙述は、家族という自然的人倫をもって始まるように思われる。多くの人はこれをヘーゲルにおける家族・社会・国家という〈人倫の体系〉の和辻的な修正として納得するのであろう。だがこれは修正といったものではない。和辻は家族から始めているようでありながら、そうではない。家族をさらに男女二人共同体へと遡って原点化しているのである。いってみれば〈人倫の体系〉の原点を和辻は男女二人共同体に求めたのだ。男女二人共同体は〈人倫の体系〉の、すなわち人間共同体の倫理学的な体系的叙述の原点・出発点として再構成されるのである。和辻の「二人共同体」の叙述に類型化の作為的な匂いが濃厚なのはそれゆえである。

和辻は男女の二人的結合が自然的衝動にだけよるのではなく、そこには愛や人格の相互尊重という契機がともなわれるものであることを民族学的調査の結果を引いたりして論証しようとする。マリノウスキーの調査報告によりながら、「メラネシアのトロブリアンド島の原住民族の性生活は、実に明白に男女の人格的結合であって、所謂自然衝動による結合ではない」と和辻はいうのである。ここでは民族学的資料が男女二人共同体の〈人倫的原型〉としての構成にかかわって引用されているのである。男女二人共同体は〈人倫的原型〉として再構成されることではじめて、それは〈人倫の体系〉の出発点となり、原点となるのである。

ところで男女二人の共同関係は社会的認知によって夫婦の共同関係になる。世間が男女二人共同体という私的存在を公認することで、公共性を排除して結合するこの私的な共同存在はそのまま公共的な共同存在、すなわち夫婦になるのだと和辻はいう。この公認を制度として表現したのが婚姻である。しかし夫婦として社会が公認するのは、あくまで「男女の二人共同体であること」を和辻は主張する。和辻は未開社会の風習として伝えられる乱婚・群婚や、なお多くの社会で見られる一夫多妻制などをめぐって、ここでも民俗学者らの新しい調査報告によって反論する。「婚姻の儀礼がヨリ簡単であつた時代に遡つて見ても、婚姻の意味するところが男女二人共同体の公認であることに変りはない」と和辻は主張する。社会的特権者における一夫多妻の事実が存することによって、婚姻がつねに男女二人共同体の公認であるという原則が覆ることにはならないというのである。いま和辻は人倫の原点である男女二人共同体を公認された夫婦二人共同体として再構成しようとしている。男女二人共同体という私的存在が、社会的な認知によって夫婦二人共同体になることは何を意味するのか。和辻は「社会が男女二人共同体の私的性格を公認するに当つて、その閉鎖性と持続性とを拘束的条件としたものである」という。閉鎖性とはその二人関係が夫婦二人だけに閉ざされることであり、持続性とはこの二人関係が恣意的に解消されてはならないということである。これに続く和辻の文章は、結婚式を司る神父の口調になる。やや長いが、和辻倫理学の性格を伝えるものとしてここに引いておきたい。

持続性の最も強い要求は、神の合はせたもの人これを離すべからずとする見解に見られる。かかる峻厳な条件を付するのは、社会の公認した二人の間の私的存在が、もはや二人の恣意によつて左右せらるべきでない公共的意義を持つ、といふことの明かな表示である。ここに二人の間の私的存在が共同存在の実現として人間存在の理法に出づることの自覚が見られる。かかる共同存在の実現は或時一度行はれるといふ如きものではない。それは人間の本来性への帰来の一つの仕方として止むことなく動的に行はれねばならぬ。二人は絶えず新しく対立しては合一し、分離しては結合する。この動的展開に於てこそ二人の共同存在が形成せられるのである。そこに持続性が必須の条件として要求せられる所以も存する。かくして婚姻は十分なる意味に於て人倫的組織となり、男女居室、人之大倫也（男女室に居るは、人の大倫なり）、と云はれ得るに至るのである。

男女二人共同体が夫婦二人共同体になることによって、これが〈人倫の体系〉の原点であることの意義はいっそう明かである。夫婦二人共同体こそが人倫の原点であることを和辻の言葉は十分にいい尽くしている。夫婦二人共同体が〈人倫の体系〉の原点であり出発点であるのは、これが社会的再生産の基盤であるからではない。その人倫的意義においてである。夫婦二人という共同体は人間におけるもっとも私的な共同存在である。だからこれを人間の共同性実現の第一段階としてとらえられたのである。だがこのもっとも私的である共同存在は「信頼や信実の如き根本的な人間の道を実現する場所」としてもっとも深刻な人倫的意義をになうのだと和辻はいうのである。その深刻な意義を語る和辻の言葉を引いてこの章を終えよう。こうした言葉が和辻にあることこそが、昭和イデオロギーとしての和辻倫理学の深刻な問題であるのだ。

> ここで和合が問題とせられるに当つても、それは夫婦が身心の悉くを含めての互の全存在をあますところなく与へまた取るといふ和合でなくてはならぬのである。これは己れの全存在を相手に委《まか》せるといふ意味で絶対信頼に近いのであるが、特に「身を委せる」といふ云ひ現はしが示唆してゐる如く、身体的な合一を含む点に於て他の共同存在よりも徹底的なのである。

9

経済社会をどう読み直すか

トロブリアンド島からの視点

これらすべてはたしかに市民社会のもたらしたものだが、それに憤慨するあまり、ルソーその他、深い思考と感情の持主たちは、市民社会を拒否して、他の極端へと走ります。

ヘーゲル『法哲学講義』(1)

1　市民社会論はない

和辻『倫理学』の中巻を構成する第三章「人倫的組織」は、家族、親族から民族そして国家にいたる人間の共同体的形成をめぐる章である。だが七つに分節されるその章のどこにも市民社会を主題とした節はない。たしかに第五節は「経済的組織」であり、そこでは近世ヨーロッパに始まるいわゆる「経済の時代」に成立する人倫的組織、すなわち市民社会が論じられているはずだとだれもが考えるだろう。だがこの節を読むものは、それがまったくの思い違いであることを覚らされるのだ。和辻は近世ヨーロッパに成立する経済社会、あるいはブルジョワジーによって構成される市民社会(2)とは、特殊ヨーロッパに成立する特殊社会だとみなそうとするのである。和辻にとって市民社会《ブルジョワ》とは人倫性を喪失した否定的社会である。これは例によって和辻の議論の展開における早すぎる結論である。早すぎる結論とは、読者に先刻予想されるものだということである。もちろん和辻は第五節でこの結論を早すぎる形で提示しているわけではない。むしろ第五節「経済的組織」の主眼は近世ヨーロッパに成立する経済社会を歴史的、空間的に特殊ヨーロッパのものと限定しながら、人間における経済的組織を地縁的共同性を越えた広域的な人と人との交流組織として捉え直そうとするところにある。第三章

「人倫的組織」を構成するに当たって和辻は、第四節「地縁共同体」から第六節「文化共同体——友人共同体より民族へ」にいたる橋渡し役をこの第五節「経済的組織」に託しているのである。したがってこうした第五節の記述自体が、近世ヨーロッパに成立する経済社会が人間史における特殊な形成であることを明らかにするのである。これから見るように、第五節におけるマリノウスキーの人類学的調査報告によってする和辻の人間経済史的な記述自体が、それゆえ、近世ヨーロッパに成立する経済社会＝市民《ブルジョワ》社会の否定的な記述になるのである。ここでは市民社会は論じられない。和辻倫理学には市民社会論は欠如する議論としてしかない。「市民社会」は言葉としても欠如する。彼は第五節でヘーゲルの『法の哲学』の「市民社会（Die bürgerliche Gesellschaft）」章に言及しながら、これを「ブルヂョワ社会」の章と訳している。ここには市民社会を言葉とともに否認しようとする和辻の強い意志を見ることができる。

　和辻には市民社会論は否定的なものとしてしかない。彼は市民社会すなわちブルジョワ社会に人間史における存立理由を見ていないのである。だから第五節で和辻は、近世における経済社会あるいは市民社会の成立に歴史的な必然性を見て、それを歴史的な現実的与件として哲学的にも引き受けようとする立場——たとえばヘーゲルにおける立場——から離れて、人間経済史における本来的な人倫的経済活動・経済組織をもってそれを読み直し、本来性へとそれを読み戻していこうとするのである。これは市民社会と市民的国家の存立の正当性と必然性とを覆そうとする人間史の読み直し作業の展開である。あるいは昭和一六—七年という開戦の時期に引きつけていえば、これはまさしく〈近代の超克〉的な倫理学的作業である。

2　トロブリアンド島原住民からの視点

和辻は男女二人共同体論から人倫的組織すなわち倫理的共同存在の議論を始めた。その際、男女二人共同体は倫理的共同存在論の始点であるばかりでなく、原点として再構成された。この再構成にあたって和辻はマリノウスキーによるメラネシアなどの未開部族の親族関係をめぐる研究報告を利用した。それは未開社会における非‐文明的な多重婚・群婚・一夫多妻などの婚姻関係をいう一九世紀的ヨーロッパの進化論的未開社会観を訂正するものであった。この新たな民族学あるいは人類学的研究報告によって、夫婦二人共同性がヨーロッパ文明社会特有のものではなく、人間の共同性の原点的な性格をもつものであることを和辻はいうのである。ヨーロッパ文明中心的な非‐文明的未開社会観を訂正していく新たな民族学的研究報告に依拠しながら人間の共同体史を読み直す和辻の方法は、人間経済史の読み直しにおいてもふたたび用いられる。

和辻はマリノウスキーの名著『西太平洋の舟乗り』(3)とそこに報告されているトロブリアンド諸島の農耕民における労働意識や交易組織によって、人間史における経済活動とその意味とを根本的に読み直そうとする。読み直されねばならないのは近世ヨーロッパに成立し、近現代にいたって一層その比重を高め、危機的な問題性を深めている経済主義的な人間社会のあり方である。いうまでもなく一九四〇年の和辻によって価値転換的に読み直されねばならないのは、すでに高度の資本主義経済を発展させている欧米の経済社会と経済学的イデオロギーである。しかし和辻が読み直そうとするのは、欧米の経済社会とその経済学的イデオロギーであって日本のそれではない。これは昭和日本から立ち上げられる〈近代の超克〉論がもつ免れがたい性格である。欧米的経済社会を超克する本来的な何かとして日本社会はすでにあると期待されるのである。この期待のなかにマリノウスキーの民族学が登場する。

「ここで、すっかりたたきつぶしておかなければならない別の概念がある。それは、現代の経済学の教科書に書いてある原始経済人という考え方である(4)」とマリノウスキーはいっている。既存の民族学者たちは未開社会の原住民に、「あらゆる行為を、私利私欲を求める合理的な考えにうながされて行い、目的を直接に、かつ最少の努力で達成する」ような経済人《ホモ・エコノミクス》を仮定している。こういうばかげた仮定はたった一つの実例でもって崩壊してしまうとマリノウスキーはいうのである。

(未開のトロブリアンド島人は)きわめて複雑な社会的、伝統的性格の動機にうながされて行動するのであって、目前の欲求の満足を志向し、功利的目的を直接に達成するのではないのである。だから、仕事は最少努力の原理にもとづいて行われるのではない。それどころか、多くの時間とエネルギーとが、功利主義的見地からすれば、まったく不必要な努力に費やされるのである。さらにまた、仕事と努力とは、単なる目的のための手段ではなくて、ある意味でそれ自体を目的としている。

私はここに和辻が依拠しているマリノウスキーの民族学的報告をあらためて引用している。それは和辻がマリノウスキーに依拠して展開させる議論の意味を解き明かすためである。マリノウスキーは近代ヨーロッパの経済社会が構成する経済人《ホモ・エコノミクス》という人間類型を前提にしたトロブリアンド島原住民の生活行為への分析視点をばかげたものとして斥ける。ここにマリノウスキーらの新たな民族学すなわち文化人類学を導く視点の転換がある。事柄は近代ヨーロッパ社会からではなく、トロブリアンド島原住民の生活から見られねばならないのだ。この視点の転換は、近代ヨーロッパの社会的、人間的基準そのものが相対化されることである。マリノウスキーがトロブリアンド島原住民の労働と生産と交易の意識と構造とを明らかにするとき、その反対の極には近代的な〈経済人《ホモ・エコノミクス》〉という人間類型が相対化されるようにして浮かび出る。だから近代ヨーロッパの経済社会と経済人とを否定する和辻は全的にマリノウスキーに依存する。トロブリアンド島原住民の生活から人間経済史は読み直されなければならないのである。

これは一九四〇年の昭和日本の和辻がいち早くとった、あるいは早すぎるポスト近代主義的批判の視点と方法である。和辻のこの早すぎるポスト近代主義的な批判的作業は昭和日本とともに挫折した作業ではあるが、われわれにはなお反面教師としての意味を多くもつものである。

3　労働は人倫の実現である

マリノウスキーは彼の報告する実例が、未開社会の原住民に読み込もうとした原始的〈経済人〉という観念の誤りをただちに明らかにするといっていた。トロブリアンド島の農耕民は家族を養うためといった目的をこえた形で、時間と手間を費やして農耕に従事する。彼らにおいて農耕は、それ自身のための農耕、自己目的化された労働という性格をもっている。家族を養うに必要なもの以上の収穫がなされ、その収穫物はその出来が誇られるように住民たちの前に展示される。和辻はマリノウスキーが提示する実例によって、「ここで注目すべきことは、労働や努力が単なる手段ではなくして自己目的たることである。よく働きよく耕す土人はそれだけで善き農人としての名誉を担ふ。土人らはこの価値を得ようとして競争してゐる[5]」というのである。

マリノウスキーが与えるトロブリアンド島原住民の労働をめぐるもう一つの実例はカヌーの建造にかかわるものである。カヌーとはただ単なる海上輸送の手段としての乗り物としてあるのではないし、その建造もただ専門的技術をもったものによる製作だけを意味するのではない。カヌーに対して島人たちは、「生命をもつ人格的なものにたいするような、特殊な愛着、深い愛情をもっている」とマリノウスキーはいう。だからカヌーの建造過程には、原住民たちの伝承や習慣、共同体的行動のすべてが表現されるのである。だれがこのカヌーの所有者であるのか、だれの名をもってこのカヌーは海上を走るのか、だれが専門技術を提供するのか、だれが船体に模様をつけるのか、だれが製作のための労働をするのか、そしてだれがこのカヌーに生命を与え、その安全を祈るのか。トロブリアンド島におけるカヌーの建造にはその島における共同体的組織と文化的・宗教的な諸契機のすべてがかかわり、表現されている。このカヌー建造をめぐるマリノウスキーの提供する実例によって和辻は、「それぞれの地位にある人がそれぞれ一定の困難な仕事を分担し、その仕事の統一を作り出す力は風習・伝統への服従であつて儲けとか生活の需要とかではないのである」といい、まさしく人間労働の意味を読み直す次のような言葉を導き出している。

> 原始人の労働は生活の必需に迫られたものではなくして自己目的的であり、さうしてその自己目的な労働は直ちに彼らの当為の実現を意味する。云ひかへれば労働に於て人倫が実現されるのである。(6)

ところでマリノウスキーが『西太平洋の舟乗り』で主題として扱っているのは、東ニューギニアの諸島間で広範囲に行われているクラと呼ばれる交易組織をめぐる問題である。それは一定の交易ルートによる特定の交換形式をもった交易組織である。「クラは、その圏内に住む原住民の部族生活において、最大の意義をもつものである。その重要性は、部族の人々自身にもはっきりと認識され、彼らの観念・野心・欲望・虚栄は、クラと強く結びついている」とマリノウスキーはいっている。マリノウスキーによって体系的に解き明かされるクラという西太平洋の島人たちの交易関係も、その対極に近代の商業貿易における交易関係をもっている。ことに近代的交易を前提に推定された原始的物々交換という交易概念が斥けられねばならないものとしてある。マリノウスキーはそれを「天下りの通念」だという。すなわち未開社会における「原始的交換は、欠乏、必要にうながされて、儀式も秩序もなく、有用なあるいは不可欠の品物の交換を、不規則かつ間欠的に行なうことである」とされているのである。だがマリノウスキーが明らかにするのは、近代が推定的に構成する原始的交換概念を解体させるような、それと対極的に相違する交易概念である。いまマリノウスキーによって見事にまとめられた「クラの本質」の記述を引いておこう。

クラは不安定な、内密の交換形式ではない。まったく逆で、神話に根ざし、伝統的な法にささえられ、呪術的な儀礼にとりまかれたものである。その主要な取引きは、すべて儀式をともない、公的な性格をもち、一定の規則によって行なわれる。それは偶然的に行なわれるのではなく、まえもってきめられた日に、規則的に行なわれ、きめられた約束の場所に向かう一定の交易ルートにそって行なわれる。社会学的にみれば、言語、文化、そしておそらく人種さえもちがう部族のあいだで取引きされるのではあるけれども、クラは一定の不変の状況をふまえて、何千という人々を二人ずつ組ませ、共同関係にまとめあげることを根本として行なわれる。この共同関係は、一生つづくものであり、いろいろな特権や相互的義務を含み、一種の大規模な部族関係をなしている。取引きの経済機構についていえば、それは、特殊の信用の形式に基礎をおき、高度の相互信頼と商業道徳を必要としている。……最後に、クラの主たる目的は、実用性のない品物を交換することにあるのだから、必要に迫られて行なうものではない。[7]

ここには交易という言葉でいわれている物品交換的取引きとはまったく別の事態がのべられている。クラという交易関係においては物品取引きが目的であるのではなく、交易の関係性自体が重要なのである。部族をこえた二人ずつの交換関係が何千となく変わらずに宗教的祭式をともなって維持されていくクラという交換組織は、商業組織をこえた文化的組織であり、和辻的にいえば超部族的な人倫的組織である。「超部族的な存在共同は部族内の存在共同よりも意義は大きい。だからこそ彼らは損得を超えた道義的情熱を以てクラに従事し、それを彼らの重大な文化事業たらしめたのである」と和辻はいうのである。クラという交易関係は、人間における経済的組織とは本来人と人との関係性を重視する人倫的組織であることを教えるのである。

4　近代文明社会への批判的視点

西太平洋の島人たちをめぐるマリノウスキーの研究報告は、従来の民族学的視点の転倒からなっている。研究者自身が属している世界、すなわち近代の文明的世界から見ていた視点を彼は転倒させるのである。しかしここでいう転倒とは、文明から未開を見るという進化論的な認識視点と研究の枠組みを解体することであり、トロブリアンド島原住民の生活を〈文明－未開〉という認識論的な枠組みから解放して新しく見直すことである。もちろんこの進化論的な視点の解体はヨーロッパ文明社会を相対化させる。それはもはやわれわれの視点を構成する絶対的な基準ではない。ヨーロッパの文明的社会自体が歴史的には一つの特殊的社会として見直されるのである。この意味で、マリノウスキーはトロブリアンド島原住民の視点からヨーロッパ文明社会を見たということができる。

昭和初頭の和辻はこのマリノウスキーに注目する。倫理学者和辻が民族学を革新するマリノウスキーに注目したのである。彼は『倫理学』第三章「人倫的組織」の第五節「経済的組織」をマリノウスキーの『西太平洋の舟乗り』によって書いたといっても過言ではない。ということは和辻はトロブリアンド島原住民の経済生活をもって近代文明社会の経済生活を読み直したことを意味している。このとき〈文明－未開〉という認識論的枠組みから解放された〈未開〉は、新たに人間史における〈本源〉ないし〈始源〉の意味をもって再構成されるのである。読み直される〈文明〉とは〈本源〉からの逸脱であり、本来的なものの喪失ないし隠蔽となるだろう。文明的社会とは人間の本来的生活の喪失態となるのである。これはロマン主義的な古代回帰による近代批判の一例ともいえるものである。だがこのロマン主義的な近代批判は、従来の民族学的視点を新たな人類学的視点へと転換させたマリノウスキーのトロブリアンド島原住民の研究報告によって展開されたのである。そのことは和辻の時代に先駆する知的感覚の鋭敏をまたしてもわれわれに強く印象づけるものである。たしかに和辻は同時代のヨーロッパの学や知識を己れの学的展開の文脈に摂取することにおいてだれよりも早い。しかしそれはヨーロッパの最新の学の紹介における早さをいうのではない。和辻がそれをもって日本の文化学なり倫理学を構成していくことにおける早さをいうのである。しかもその際、誰れの、どのような学をもってするかという点において彼はそれなりにすぐれた選択眼をもっていたように見える。私は『倫理学』中巻にしきりに登場するジンメルなどドイツ系社会学者、デュルケームやタルドなどのフランス系社会学者、そしてマリノウスキーというイギリス系人類学者の名前を見て、こうした同時代の知的情報を和辻に伝えたのはいったいだれなのかを疑った。しかしこの情報の摂取が和辻自身によるものだとすれば、彼の時代に対するきわめて鋭敏な知的感覚を私は認めざるをえない。

5　経済学批判

マリノウスキーがトロブリアンド島原住民の労働と生産と交易における意識と構造とを明らかにしていくとき、その反対の極には近代的な〈経済人《ホモ・エコノミクス》〉という人間類型が批判的に構成されてくることについてはすでにいった。だがマリノウスキーにとって近代的経済社会の批判が目的としてあるわけではない。トロブリアンド島原住民の経済生活を転換された視点をもって記述するそのことが、近代的経済社会を批判的に相対化した記述となるのである。民族学を文化人類学へと移行させたマリノウスキーにおけるこの視点の転換の意味を和辻は己れの倫理学的な関心において受容する。その受容とは、従来の〈未開－文明〉という認識論的な枠組みから解放された〈未開〉を、〈本源〉ないし〈始源〉として再構成していくロマン主義的な現代批判の文脈においてだということはすでにいった。鋭敏な感覚をもってマリノウスキーを受容する和辻は、西太平洋の島人の経済生活に本来的な人倫的生活を見ていくのである。島人たちの労働も生産も、人と人との関係からなる「自己目的的な生産活動即ち創作（poiesis）」なのである。西太平洋の島々の間を結ぶ交易も、超部族的な人間的結合をむしろ目的としたような相互交換的な行動であった。ここから人間における経済的組織とは本来的に人倫的組織だと和辻はいうのである。では人間における本来的な経済的活動を人と人との関係からなる人倫的な活動とするところから、近代の経済社会をめぐるいかなる批判がなされるのか。人と物との関係からなる、欲望の充足を自己目的化した経済活動、あるいは営利を目的とした商業的交易としての経済活動は直ちに非本来的な人間活動として否定されるのだろうか。だが和辻の批判はそのようには進まない。

和辻は近代の経済学を批判する。ところで和辻が批判しようとする経済学は、近代の経済的活動の担い手とは同時に自由で平等な市民であることを主張する学でもある。スミスにおいて自己の労働力を商品として所有する労働者も、商品交換的市場における自由で平等な一人の商品所有者とみなされたのである。この労働力の商品化を経済学の解体的な読解の鍵としたマルクスが、経済学批判すなわち市民社会論批判を『資本論』として展開させていったことをわれわれはいま押さえておきたい。和辻もまた近代の経済学を批判する。だが彼はその何を批判しようとするのか。近代の経済学がその前提としてもつ人格表象すなわち「独立した経済人《ホモ・エコノミクス》」を和辻は批判するのである。「経済人の活動に於ては、欲望の充足が目ざされてゐるのみならず、更に規範として有用性の価値が働き、手段として技術的知識即ち自然を支配するための悟性の働きが用ゐられてゐる」と和辻は経済人を規定する。経済人とは功利主義的価値意識をもち、目的－手段的合理性を具え、欲望の充足を目ざして行動する主体である。この経済人を前提することで、「経済は、欲望の充足を目ざしてゐることと、財の生産獲得として既に一定の規範に従つてゐること、合理的活動であることなどによつて規定せられる」ことになる。スミスの経済学がその前提にもっていた自由で平等な商品所有者（市民）を経済人《ホモ・エコノミクス》と規定し直すのである。近代の経済学はその成立のうちにこの経済人をもっているのである。この経済人《ホモ・エコノミクス》を和辻は、「最も根本的な人と人との関係を捨象し、人と物との関係から出発するといふ近代のアントロポロギー」の構成物だと批判するのである。かつて和辻は「独立した個人」を近代的思惟における抽象とし、人と人との共同存在という人間的現実から倫理学は再出発すべきことをいった。そしていま和辻は「独立した経済人」を近代の経済学における恣意的構成物として斥けようとするのである。

欲望の充足を目ざす合理的な活動主体である経済人《ホモ・エコノミクス》を前提にする経済学は、欲望充足を基礎概念とし、経済活動を欲望充足のための合理的活動として認識する。そこでは人間関係は欲望充足の手段になってしまう。人と物との関係が人と人との関係を支配することになるのである。だがトロブリアンド島原住民の生活に人間の本来的な経済活動を見てきたものにとって、近代の経済学が規定する経済活動とは人間における事態の逆倒だといわざるをえないと和辻はいうのである。

ここに我々は欲望充足と人間関係との地位について、両者が全然逆な連関を考へてゐることに気づかざるを得ぬ。欲望充足を基礎概念とする経済学にあつては経済活動に於て結ばれる人間関係は欲望充足のための手段に過ぎないのであるが原始経済の示すところによれば、経済活動に於て結ばれる人間関係は人倫的組織としてそれ自身の意義を保ち、欲望満足はただこの組織実現のための媒介に過ぎないのである。

和辻はトロブリアンド島原住民の原始的経済生活によって近代の経済学が規定する経済活動を事柄の逆倒として批判する。では和辻の経済学批判はここから何を導くのか。

6　経済学的「見方」の解体

和辻の経済学批判は何を導くのか。そもそもなぜ近代経済社会の批判ではなくして経済学の批判なのか。和辻が例をあげてする説明を追いながら考えてみよう。彼は賃金労働にしたがう一人の労働者の例をあげている。その労働者は受け取る賃金をもって衣食住の必需品を買い、それによって彼の欲望を充足させる。この労働者はそうすると欲望充足のために労働していることになるのか、と和辻は問う。だがその労働者の生活を仔細に見れば、そう簡単にはいえない。彼は働くのは女房子を養うためだという。では女房子の欲望を充足せしめることによって彼の目的は果たされるのか。しかし「彼が目ざしてゐるのは女房子が心配なく暮らし、彼の家庭生活が安穏に営まれることであって、衣食住の欲望を充たすことではない」と和辻はいう。賃金をえてみずからの必要を充たすための労働を、和辻はその労働者が背後に背負う生活上の条件なり、彼の内的動機にしたがって人間的関係性をもった活動ととらえるのである。これは相互的な欲求充足の体系としての近代の経済世界における賃金労働者の労働の意味を人倫的世界の中でとらえ直したものである。近代の経済的世界の中でこの労働の意味をとらえるのが経済学だとすれば、和辻の経済学批判はその労働を経済学的脈絡からはずして人倫的脈絡に置き直そうとするのである。それは労働の倫理学的読み直しといってもいい。だがその読み直しがどれほど質の悪い言辞をもたらすものであるか、和辻がこの賃金労働者の例をめぐる文章の末尾でいう次の言葉を見ていただきたい。

農村から工場へ通ふ青年工の労銀は、蓄積せられて彼の親の家を自作農に転化させる。さういふ努力を通じて彼は子としての、或は兄弟としての、或は夫や妻であらうとするものの、道を踏み行くのである。もしさうでなければ彼らは「道楽者」、「先の見込のない者」として正常な地位から排除されるであらう。

この言葉は貧しい農村地帯からかき集められた低賃金の労働者たちに向けてなされた道徳的なお説教の趣きがある。和辻の経済学批判がなぜこうした質の悪い言葉を導くことになってしまうのか。

和辻はトロブリアンド島の原住民の労働が欲望充足のためではなく、仕事それ自体を誇りとして自己目的化しているような、あるいはその遂行が人と人との関係性の実現であるようなあり方を見出した。そこでは労働とはまさしく人倫的な活動であった。和辻はそこに人間の労働の本来的なあり方を見出したのである。彼はこの労働観をもって、労働力が商品化され、しかも安価な労働力として労働者が地方から大工場へと集められるにいたっている近代資本主義的経済社会における労働の本来的な意味を読み直そうとしているのである。読み直すだけなら、それはできるかもしれない。しかし一人で食うにさえ足りない賃金から、やっと遠く離れた家族に仕送りをする出稼ぎ労働者に向かって、それでこそお前の労働は人倫的だといったら、その説教者は軽蔑の唾を吐きかけられるだけだろう。和辻の言葉はまさしくそうである。

和辻は、人びとが相互に欲求充足を求め合う世界の中で合理的に欲求充足を求めていく主体、すなわち経済人としてあるということを経済学における仮構的世界あるいは仮構的人格としている。人間の経済生活の本質がトロブリアンド島の原住民の経済生活にあるとする和辻は、近代の経済学も経済哲学も経済の本質をとらえていないとするのである。だからもし労働者が自分の労働力を商品として売り、その代価としての賃金によってみずからの欲求を充足させると考えたら、それは経済学の仮構としての欲求充足を求める経済主体を現実の自分とする思い違いをしていることになる。こういう思い違いは現実の経済社会では広くなされている。経済界における多くの事業家・事務家が、「「経済人」の仮構を現実と間違へ、己れを「経済人」と思ひ込んでゐるといふことは事実なのである。」和辻は近代の経済学の仮構を現実のものと思い込んだものとして現実の経済世界があるというのである。そしてこの経済学的仮構を現実と思い込む間違いは近世ヨーロッパに起こった現象だと和辻はいうのである。

以上のやうな仕方でもって「経済人」の仮構を現実と間違へてゐる「見方」が現実的に通用してゐるのである。このやうな「見方」の勝利は実はヨーロッパ近世に於ける特殊な現象であつて、普遍人間的な現象ではない。この勝利のために経済の本質は逆倒せられ、人倫的合一が逆に欲望の充足を媒介するといふことになつたのである。

和辻は世界恐慌をもたらす資本主義的経済社会も功利主義的な個別的欲求主体からなる市民社会（和辻はこれを打算社会という）も経済学的仮構を現実とした思い違いから特殊ヨーロッパに生起した現象だとするのである。それはある「見方」の勝利だと和辻はいう。この「見方」に資本主義的とも、経済主義的とも、功利主義的とも、あるいは欧米的とも、さまざまな限定詞を付け加えていうことができる。それは近世ヨーロッパで勝利した「見方」である。それは二〇世紀の世界における勝利をみずから主張しようとする「見方」でもある。和辻はその「見方」を解体しようとする。それが彼の経済学批判である。だがその「見方」の解体は、倫理学的な読み直しをもってできるのか。倫理学的な読み直しは、唾を吐きかけられるようなお説教をしかもたらさないことは上に見た通りである。だがもし和辻の負った課題を継承しようとするならば、われわれにおける解体はいかになされねばならないのか。和辻倫理学は反面教師の意味をもっている。

10 和辻に「市民社会」はない

「町人根性」と「資本主義の精神」

今や日本は「町人根性」に支配せられているのである。危険はまさにこの点に存する。
和辻哲郎「現代日本と町人根性」

これは白人の世界征服であると共に商人の勝利でもあつた。
和辻哲郎「経済的組織」『倫理学』中巻

1　「市民社会」という言葉

和辻は「市民社会」という言葉を使わない。当然使うべきようなコンテキストにおいても彼はこの言葉を使わない。ヘーゲルの『法の哲学』における家族・市民社会・国家という人倫的展開を和辻が自分の著述中でフォロウする場合も、これを「ブルジョワ社会」あるいは「利益社会」「打算社会」といって、決して「市民社会」とはいわない。昭和戦前という時期に「市民社会」が用語として存在しなかったわけではない。本論中ですでに挙げたことのある速水・岡田共訳『ヘーゲル法の哲学綱要』[1]は昭和六年（一九三一）に刊行されているが、そこでは「市民社会、即ち独立的個人としての成員の形式的普遍性に於ける結合」（一五七節）というように、「市民社会」の訳語が用いられている。また三木清訳『ドイッチェ・イデオロギー』（岩波文庫・一九三〇）も、「「市民的社会」といふ語は、財産諸関係が既に古代的及び中世的共同組織から辛苦して脱け出したところの十八世紀に於て現はれて来た。本来の市民的社会はブルジョアジーを俟って初めて発展する」と訳している。もちろん同時代の翻訳における使用例によって、「市民社会」という語の日本における社会的使用が証明されるわけではない。たしかに「市民社会」といった語は近代社会としてのそれなりの成熟があってはじめて社会的に使用される語であるかもしれない。言論上の主題に市民社会論が登場するにいたるのが戦後の五〇年代であることを思えば、和辻倫理学がこの語を使用しないのは異とするに足りないと人はいうかもしれない。だが上に引いた翻訳における使用例からすれば、和辻が自著で「市民社会」をわざわざ「ブルジョワ社会」あるいは「利益社会」「打算社会」といいかえるには、はっきりとした意図があってのことだとみなされるのである。

「市民社会」とは一八世紀後期の西ヨーロッパに成立する歴史的な社会概念である。独立した個人としての経済主体から構成されるこの社会は、イギリス功利主義によって哲学的基礎を与えられていった。また市民革命を経てこの社会は自由と平等の理念をもった近代的な文明社会しての人類的普遍性をも獲得していった。ところで功利主義的な経済的社会体系としての「市民社会」と、自由と平等の理念を備えた文明論的な社会体系としての「市民社会」とは、明治日本がその両方をともに受容し、その実現を追求したものであった。文明開化とはこの両方を含む近代化の主張であったが、やがて分裂し、後者の理念はことに政府反対派の自由民権運動によって担われていった。「市民社会」は、その言葉は用いられなくとも、日本の近代化過程に課題として、また目標としてたしかに存在してきたのである。だが「市民社会」が日本近代に社会問題として浮上してくるのは、一九二〇年以降、大正末から昭和初期にかけての時期である。すなわちマルクスの市民社会論すなわち資本主義社会（商品生産社会）論が導入され、資本主義社会としての自己認識をも促していった時期である。それは三木清のあのような訳によって「市民社会」が言葉としても登場してきた時期である。「市民社会」という言葉は、日本の近代社会が歴然たる資本主義社会として危機と分裂とを見せていった時期に登場するのである。「市民社会」とは、マルクスが規定するように資本主義社会なのだ。だから和辻はこれを「ブルジョワ社会」といい、また「利益社会」「打算社会」というのである。

2 日本資本主義発達史

和辻には「町人根性」という露骨な差別的な語彙をタイトルにした論文がある。「現代日本と町人根性」という『続日本精神史研究』[2]に収められている論文である。これははじめ昭和六年(一九三一)夏に講義草稿の一部として書かれ、翌年雑誌『思想』の四・五・六月号に三回に分けて掲載された。それはちょうど『人間の学としての倫理学』が書かれた時期に重なる。和辻にこの醜悪なタイトルをもった論文があることを私は早くから知っていた。しかし読む気にはとてもならなかった。商人蔑視がなお濃厚な戦前にあっても、「町人根性」といった差別語をあえてタイトルにした論文を『思想』に発表するには著者にそれなりの考えがあってのことだろう。彼は「市民社会」に「打算社会」の言葉を当てつけ、「資本主義的精神」に「町人根性」の言葉をぶつけていったのである。昭和戦前の読者たちは「町人根性」という蔑称による暗喩を直ちに了解したのであろう。戦後の読者である私などはこの論文に福沢諭吉嫌い、商人嫌いの和辻を見出すだけであった。今回、和辻の市民社会論との連関でこの論文を読み直し、あらためて昭和戦前期においてこの論文がもっていた意味を私は知った。

「現代日本と町人根性」とは和辻なみの独自の視点から書かれた日本資本主義発達史である。ちなみに野呂栄太郎らによる『日本資本主義発達史講座』[3]が岩波書店から刊行されたのは昭和七年(一九三二)である。満洲事変の勃発という日本を一つの震源地として生じた国際関係の動揺、世界情勢の厳しい展開が資本主義国日本の自己認識を要請したのであろう。昭和の危機的な情勢の展開は和辻にも日本資本主義の発達史、あるいは資本主義精神の発達史を書かせることになるのである。和辻は日露戦争が日本資本主義の発達にとって画期的な事件であったことをいう。日清・日露の戦役の目的は、和辻にいわせれば、東洋を植民地化しようとする世界の帝国主義の運動を押しとどめ、逆に押し返すことにあった。「この事業のために日本は手段として、迅速に資本主義を学んだ」のである。ところが日本はロシアの帝国主義の動きを押しとどめることに成功すると、たちまち「目的は見失はれ、手段の奴隷として自ら帝国主義国に化した」と和辻はいうのである。「それとともに世界史の動きを指導する重大な役目から、ただ大勢に追随する端役者の位置に顛落したのである。」昭和初年における和辻のこの現代日本認識は重要である。彼はミイラ取りがミイラになったものとして現代日本を見ているのである。この資本主義化し、帝国主義化した現代日本を明治以来の近代化過程の危機的な結末として見る和辻の上に続く言葉を引いておきたい。

かかる意味に於て日露戦争は、ただに日本の資本主義発達のための画期的な事件であつたのみならず、日本の社会史精神史道徳史にとっても画期的な事件である。維新以来、攘夷主義と開国主義、征韓論と文明開化といふ如く、常に対立し合つた二つの態度は、この時以来資本主義文明への追随といふ一つの態度に統一せられた。これは云ひかへれば共同社会的自覚と利益社会的発展との相互制約が破れて、ただ利益社会的な発展にのみ傾いたといふことを意味する。共同社会が死んだといふのではない、その自覚が薄れたといふのである。

和辻は資本主義化した現代日本を明治以来の日本の国家戦略・国家意識における対立する二重性の解消ないし統一としてとらえている。この対立的二重性の解消ないし統一を和辻が日本の社会意識の問題としてのべる言葉は、われわれの市民社会論にとっても重要である。和辻は現代日本におけるこの統一を、「共同社会的自覚と利益社会的発展との相互制約が破れて、ただ利益社会的な発展にのみ傾いたということを意味する」といっているのである。和辻の危機意識はまさしくこの統一に発している。共同存在的な人間の倫理学の構想は、この危機意識に発するものであることをこの言葉は教えている。だが結論を急ぎすぎまい。いましばらく日本近代化過程における二重性の問題にかかわってみたい。この二重性を日本近代史のアポリアとし、その問題としての凝縮と爆発とを〈近代の超克〉とその論議に見たのは竹内好であった。[4]

「近代の超克」は、いわば日本近代史のアポリア（難関）の凝縮であった。復古と維新、尊王と攘夷、鎖国と開国、国粋と文明開化、東洋と西洋という伝統の基本軸における対抗関係が、総力戦の段階で、永久戦争の理念の解釈をせまられる思想課題を前にして、一挙に問題として爆発したのが「近代の超克」論議であった。[5]

竹内のこの文章の理解は私の著書（『「近代の超克」とは何か』青土社、二〇〇八）に譲って、彼が「日本近代史のアポリア」という日本近代の二重性とは、日本浪曼派的問題構成に深くかかわる歴史認識であることをいっておきたい。日本近代が基本軸をめぐる対抗関係を失って、欧化主義に一元化されるところから、日本浪曼派の文学運動は始まるのである。保田與重郎がいうように、「日本浪曼派の運動は、まさに崩壊せんとしつつあつた日本の体系に対する詠嘆から初つた[6]」のである。いま眼前にする欧米追随の日本とは、日本であって日本ではないと保田はいい、竹内はアジアであってアジアではないというのである。日本近代史の過程に基本軸をめぐる対抗的な二重性を彼らは見ていた。その二重性の解消として欧化主義に一元化された現代日本を、彼らは〈本来的な日本の喪失態〉として見るのである。こう見てくれば、近代史の二重性の解消としての現代日本という和辻の歴史認識や問題意識の構図はまったく日本浪曼派と重なるものだと知れるのである。むしろ和辻は時間的には日本浪曼派に先駆する形で問題を構成しているというべきだろう。〈帝国のデモクラシー〉といわれる大正時代の日本をすでに成人として体験した和辻には、ヨーロッパ近代批判とその近代を超克することへの志向を日本浪曼派と共通にしながらも、彼らとは違って現代日本の帝国主義的国家への変質を明確にとらえる視線がある。日清・日露の両戦役を通じて日本近代化のコースは「資本主義文明への追随という一つの態度に統一せられた」と和辻はいっていた。さらに彼は、日露戦争以後、日本人の国民的意識は、「富国強兵のスローガンに身を隠した資本主義的発展への欲望に変質せられた」といい、「日独戦争やシベリア出兵はすでに明白に植民地戦争の性格を帯び」ているというのである。ここには日本浪曼派に先立つ世代における日本の資本主義的、帝国主義的国家への変質についての明白な認識がある。

だが和辻の危機意識は日本の国家的変質にあるのではない。むしろ国民の意識の変質にあるのである。彼が嘆くのは国民の意識の、あるいは日本人の考え方の資本主義化であり、帝国主義化である。和辻は第一次世界大戦の講和会議における「人種平等案」に対して日本人が冷淡であったことについて、「ここに日本人の思想がいかに徹底的に資本主義化したかが露骨に示されている」といっている。現代日本の危機はここにあると和辻はいうのである。ここから日本資本主義発達史は和辻では日本資本主義的精神発達史でなければならないことになる。かくて「町人根性」の成立の由来が日本近世史に尋ねられることになるのだ。

3 「町人根性」

町人とは江戸をはじめとする近世都市に居住する商工業者、ことに商人をいう。日本の近世は政治的には武家による天下の統一的支配が成立した時代として規定される。武家は新たな支配階級として近世社会に登場するのである。この新たに支配階級を構成する武士たちは従来の領地を離れてそれぞれの政治的中心地の居住者になる。こうして城下町という都市が生まれ、武家と町人という都市住民とが生まれる。しかもこの新たな武家という都市住民はまったくの消費者である。この近世都市の成立を通じて日本の経済構造は一変する。領地である農村の米穀生産に依存していた領地経営的経済から、貨幣を媒介にした物品の流通と商業取引による都市中心的経済へと大きく変わっていく。領地で産出された米穀を貨幣に替える大坂などの両替商が大きな力をもつことになる。ここから政治的な支配者としての武家階級と、経済を実質的に支配する町人階級との併存という日本近世に特有の階級社会が生まれてくることになる。しかも両階級間は封建的な身分として区別された。ここから実質的に天下を支える力をもちながら、天下への関心を身分的宿命として断念している存在としての町人の意識が生まれるのである。近世の町人出身の学者たちの学的・思想的営為を根柢で規定しているはこの断念である。伊藤仁斎も、本居宣長もそうである。石田梅岩はこの断念を商人の自己限定としてとらえ、商人としての倫理的主体を形成しようとする。その倫理的主体における四民の平等を主張するのである。しかし近世の町人についてのこうした見方は私の読みであって、和辻の読みではない。私の読みは町人の側に立っている。和辻は武士の側から見ている。

天下の〈公〉への関心は近世においては武家だけが専有する。町人とはその身分的宿命によって〈私〉の世界に限定された存在である。町人の世界とは、武家の政治的な支配体制に服属することで、はじめてその存在と活動とが許容される世界である。近世の階級社会は武士と町人の階級的イデオロギーをそれぞれに生み出していく。儒教的な〈公・私〉概念が、〈公〉的理念を専有する武士階級を人倫の指導者としていくのである。これは近世社会における武士の存在意義を儒教的に再構成するものである。山鹿素行の「士道論」がそれである。この人倫の指導者としての武士の対極に置かれるのが町人（商人）である。〈私〉の利益を追うことを生活の目的とした賤しい存在とされるのである。この貴賤観をともなった階級イデオロギーは、近世社会の初めからあったわけではない。近世階級社会の身分秩序的固定化とともに作られていったイデオロギーであろう。ところでいま和辻は、「江戸時代の町人階級は、それの勃興した時代の町人自身のイデオロギーによってではなく、武士階級のイデオロギーによって位置づけられたのである」として、江戸の町人階級をその成立から負う性格を武士階級的イデオロギーをもって記述するのである。

> 武士階級は社会の秩序を保証し人倫の道を実現するものとして自任した。そこでは「公」に奉仕して「私」の利害を顧みぬことが最大の徳である。従つて私の利を追ふ如きことは（即ち封禄でなくして金銭を追ふことは）、武士のなすべからざる卑しいことである。しかし私の利としての金銭を追ふことを生活の目的としてゐる町人階級はすでに現実的な勢力としてできあがつてゐる。また町人の活動が社会のために如何に必要であるかもすでに戦国以来明白に実証されてゐる。だから町人階級及び町人的財産（即ち金銭としての財産）の存立は許されなくてはならぬ。ただ然し営利を最高の目的として金銭に奉仕する如き生活態度が武士から見て極めて「卑しい」もので

あるといふことはあくまで明らかにせられてゐなくてはならない。町人階級はこの「蔑視」を甘受することによつて、即ち金銭を卑しいとする価値秩序の下に、無制限に利を追ひ金銭に奉仕することが許されるのである。(7)

町人階級の成立を武士階級的イデオロギーからとらえた和辻の記述を長く引いたが、和辻の町人観はすでにここにいい尽くされていると思うからである。それは利益の追求を自己目的化した生活態度を身上とする「卑しい」存在という町人観である。そしてこの「卑しい」存在のひたすら功利的な生活態度こそ「町人根性」という現代にも残る町人蔑視を生み出したものだというのである。「町人根性」とは何か。和辻が梅岩をまったく否定的に解釈して導き出した「町人根性」を見よう。「町人根性が蔑視せらるべきものとせられた所以は、町人根性が道義を手段とし自家の利と福とを目的とするといふ点にある」。「社会の全体性への奉仕は顧みられない。これは全体性のために自家の利と福とを犠牲にするといふ武士階級の理想から見れば、明かに価値の逆倒である」。「町人根性」とは、「価値の逆倒」からなる生活態度を身上とする町人の気質である。本来手段であるべき営利的活動が、彼らにおいては目的化されているというのである。和辻は一八世紀後期に西ヨーロッパに成立する経済社会こそ「価値の逆倒」からなる社会だとしていた。和辻がいま江戸時代から「町人根性」を導くのは、一九二〇年代日本を支配するかのごとき資本主義精神なるものが「町人根性」にほかならないことをいうためである。

町人根性といふ如きものはチョン髷とともに捨て去られたと考へられた。然るにその資本主義の精神なるものは実は町人根性と本質上異なるものではなかつたのである。

4　ヘーゲルの「深い洞察」

和辻が一九二〇年代に見ている日本社会の資本主義的変質を、彼は功利主義者福沢諭吉の勝利とみなすのである。彼は福沢の、「私利は公益の資本なりとは実以て古今の金言なり。成る程人々自ら利するといふ心があればこそ、国の為めとか世の益とかを計る者なり。……然るに世の御武家様流で固守する人は、何にぞと云へば国の為めにせよ、然し欲心は絶てよと吐き廻らるるは、甚だ以て心得られぬ事なり」（『福翁百話』）の言葉を引き、この功利主義は一般に支持され、常識として広まっていったという。これこそ「まさに新しく勃興し来たる資本主義社会のイデオロギーであった」といい、さらに「さうして特に大阪の実業家によつて代表せられ、その実業家の勝利と共に実質上現代の日本を支配するに至つたイデオロギーであつた」と和辻はいうのである。「大阪の実業家」とわざわざ傍点を付していうのは誰れを指しているのか。いずれにしろ和辻の書き方は生々しい。事柄が生々しい問題であるからか。「現代日本と町人根性」には和辻のイデオロギー的立場や嫌悪の感情が生々しく露呈されている。和辻は資本主義の精神すなわち「町人根性」が現代日本の支配的精神となっていることを許せないのである。「現代の危険はまさにこの点に存する」と和辻はいうのである。「危険は取り除かれなくてはならぬ。」ではどのようにしてか。和辻はここでヘーゲルを想起する。家族から市民社会を経て国家にいたる『法の哲学』における人倫的展開の過程が想起される。

我々はここにヘーゲルの人倫に関する深い洞察が想起せざるを得ない。利益社会はただ直接の生活共同態との否定態としてのみ意味を持つのである。それはさらに止揚せられて自覚せる人格共同社会に発展しなくてはならなぬ。従つて利益社会は人格的共同態を実現するための不可欠の契機となる。それは直接的生活共同態を人格的共同態に発展せしめる熔炉である。生活の共同が根強ければ根強いほど、その否定を通じて実現せられる人格の共同も亦力強いものとなるであらう。

ここで和辻が「直接的生活共同態」といっているのはヘーゲルにおける「家族」であり、「利益社会」とは「市民社会」であり、「人格共同態」とは「国家」である。ヘーゲルにおける人倫的展開の論理にしたがいながら、和辻はヘーゲルにおける何を「深い洞察」として想起しているのか。それは利益社会(市民社会)を否定的な契機とすることで家族的共同態が新たな、高次の人格的共同態を実現していくということである。ヘーゲルがこんなことをいっているわけではない。和辻がそう読んだだけである。「生活の共同が根強ければ根強いほど、その否定を通じて実現せられる人格の共同もまた力強いものとなるであろう」という和辻の言葉は、彼がヘーゲルの「深い洞察」としたものが何かを告げている。家族的共同性の強さが、利益社会を否定する強さでもあり、高次の共同社会を実現する強さでもあるということである。和辻において利益社会が「不可欠な契機」であるのは、せいぜい反面教師的に利益社会が「これでは駄目だ」と教える意味においてだけである。

ヘーゲルの「深い洞察」として和辻がいう言葉は、彼が現代日本の危険とするものをいかに取り除き、将来のいかなる日本の実現を期待するかを告げている。やがて和辻に『倫理学』を書かしめる思想的動機は、すでにこの言葉の中にあるともいえる。

5 わが家族的全体性

和辻は、「共同社会的自覚と利益社会的発展との相互制約が破れて、ただ利益社会的な発展にのみ傾いた」ところに現代日本の危機を見ていた。彼はこの危機の克服の道をヘーゲルの「深い洞察」に見出した。彼がヘーゲルの人倫的展開の論理に「深い洞察」として読んだのは、直接的生活共同態としての家族がもつ重大な意味である。現代日本の危機を克服する答えを彼はそこに読んだのである。「この視点から我々は日本に於ける直接的共同社会の根強い力を意義深く眺めざるを得ない。共同社会的自覚が稀薄にされたといふことは、未だ直ちに共同社会そのものが破壊し去られたといふことではない。ヘーゲルに於て自然的な精神としての人倫的実体とせられた『家族』は特に顕著に日本に於て根を張つてゐる。」現代日本の危機としての利益社会的傾向の支配を否定し、克服する鍵となるものを日本は手元になお強固に保持しているではないか。それは「家族」であり、家族的全体性である。徳川時代の「町人根性」でさえ、「家の全体性を捨てることが出来なかつた」と和辻はいうのである。「現代日本と町人根性」にしたがってここまで説けば十分だろう。一九二〇年代の日本社会の資本主義化を危機と見た和辻は、わが内なる共同社会こそ危機克服の基地をなすものとして再発見するのである。和辻は次の言葉をもって「町人根性」論を結んでいる。「我々の内には共同社会はなほ健全に生きてゐる。言ひ換へれば我々に於て『人倫』はなお喪失せられてゐない。我々はそれを自覚に高めなくてはならぬ。」全体性の『倫理学』はまさしく和辻によって昭和の資本主義国家日本において書かれねばならなかったのである。

11 「民族」を語り出すこと

和辻における「偶像」の再興

破壊せらるべき偶像がまた再興せらるべき権利を持つという事実は、
偶像破壊の瞬間においてはほとんど顧みられない。

和辻哲郎『偶像再興』

1　偶像の破壊

『日本古代文化[1]』の初版の序で和辻は、「在来の日本古代史及び古代文学の批評」は彼にとっては「偶像破壊の資料」に過ぎなかったといっている。少年の頃から、和辻はさまざまな理由から「日本在来のあらゆる偶像を破壊しつくして」きたという。明治二二年（一八八九）生まれの和辻にとってその青少年期は日露戦争の戦後という時代であった。日本近代史における最初の戦後とは日露戦争後である。日本人は最初の戦後をその時期に体験したのである。日本は日露戦争とともに帝国主義的近代に入っていった。和辻ら明治後期の青年における近代意識の形成は、眼前に展開する近代に対する批判意識の生起とともにであった。あるいはむしろ批判意識とともに近代が彼らにあったというべきかもしれない。青年和辻の最初の著書が『ニイチェ研究[2]』であることは象徴的である。彼らは近代にそれが作る偶像の破壊を通して向き合ったのである。

和辻にとって「偶像破壊の資料」に過ぎなかったという「日本古代史及び古代文学の批評」とは何を指しているのか。『日本古代文化』の刊行時にあって、この言及だけでこれが何を指すかは一目瞭然であったのであろう。われわれはこれを推定的に辿らざるをえない。私はこれらによって津田左右吉を推定する。津田の記紀批判の最初の著作『神代史の新しい研究』が公刊されたのは大正二年（一九一三）である。『古事記及び日本書紀の新研究』の刊行は大正八年（一九一九）である。その間に津田は『文学に現はれたる我が国民思想の研究』の「貴族文学の時代」「武士文学の時代」「平民時代・上」を刊行している。和辻のいう「批評」とは古典的文献の「高等批評」の謂いであり、文献学的なテキスト批判、史料批判を意味している。この時期、古典的文献をはじめ古代史料のテキスト批判的な吟味が古代史・古代文学研究といった学問的作業の前提として重視された。津田にあってこの文献批判は彼の学問的作業の方法的前提というより、学問的作業そのものを意味した。津田の『神代史の新しい研究』の刊行に先立つ時期に白鳥庫吉が「『尚書』の高等批評[3]」という文章を発表している。白鳥は津田を先導する文献批判的方法意識をもった最初の東洋史学者であった。同じく文献批判的方法意識をもった内藤湖南が東洋史講座開設のために京都大学に赴任するのが明治四〇年（一九〇七）である。彼らによって新たな東洋学《オリエンタリスティク》あるいは支那学《シノロギー》が成立するのである。この学問的意識をもって日本の古代文献が批判的に見られるとき、津田の日本古代史学が成立することになるのである。

かくて四書五経といわれる儒教の経書の原典性そのものが批判的に吟味される。聖なる成立時に鎮まっていた『論語』の原典性は、容赦ない文献批判によって後世的な長い編纂過程からなる人為的なテキストへと解体されていくのである。それはまさしく偶像の破壊である。この偶像破壊的な文献批判がいま津田によって『古事記』『日本書紀』に向けられるのである。記紀とは明治日本において国家の原初的な成立を証す根元的史料であった。記紀をこの意味での根元的史料としたのは明治国家である。明治における近代国家としての日本の成立が記紀をこの根元的史料として要請したのである。神話における神武創成が日本国家の歴史的紀元とされたのだ。記紀とは日本近代が作り出した偶像である。この偶像に向けていま文献批判という偶像破壊的方法が用いられようとするのである。これは近代国家日本が直面する逆説的な事態である。あるいは王政復古的な日本近代がもった逆説であるかもしれない。文献批判・史料批判を前提にした近代的な歴史研究、古代研究の成立が、その近代が作り出した国家的原典という偶像を破壊しようとするのである。それは明治末年から大正の初年にかけての時代である。二四歳で『ニイチェ研究』を処女出版した青年和辻も、この偶像破壊的な時代的エートスの中にいたのである。

2　偶像の再興

「日本文化、特に日本古代文化は、四年以前の自分にとつては、殆ど「無」であつた」と最初に引いた『日本古代文化』の「初版序」で和辻はいっている。これは日本のこの時期における知識青年の意識を伝える重大な告白である。「四年以前」とは和辻が『ニイチェ研究』を出した時期、明治末年から大正の初年にかけての時期である。その時期、記紀の日本古代文化は青年和辻にとっては無かったのである。顧みるべき何物でもなかったのである。それは『日本古代文化』が出る大正九年（一九二〇）に先立つ僅か四年以前の時期であった。津田らの文献批判が偶像を解体し去った後の日本古代史が顧みる価値なくそこにあったのだ。だから和辻は「日本古代文化」を再発見しようとするあの書で、「記紀の上代史が神代史と共に後世の創作であるといふことは、もう疑の余地がないと思ふ」と書いているのである。明らかに若き和辻は津田の偶像破壊的な日本神代史・古代史への視点を共有していたのである。だがそのことを告げる上の言葉は、「もう疑の余地がないと思ふが」と反転し、「たとへ一つの構想によつてまとめられた物語であつても、その材料の悉くをまで空想の所産と見ることは出来ぬ」と和辻はいうのである。これは記紀の読みの可能性をもう一度見出そうとする言葉であるだろう。和辻の『日本古代文化』は、一度破壊された記紀という偶像の再興を図ろうとする書である。だからかつて偶像破壊者であった自分はいまここでは、「すべてが破壊しつくされた跡に一つの殿堂を建築すべく、全然新しい道を取らなくてはならなかつた」と「初版序」に書くのである。和辻は偶像の再興者になったのである。

偶像破壊者の和辻は転向した。大正七年（一九一八）に刊行した評論集『偶像再興』（岩波書店）の冒頭の「転向」と名づけられた章でいっている。「予は当時を追想して烈しい羞恥を覚える。しかし必ずしも悔いはしない。浅薄ではあっても、とにかく予としては必然の道であった。そうしてこの歯の浮くような偶像破壊が、結局、その誤謬をもって予を導いたのであった(4)」と。羞恥とともに回想される偶像破壊とは、自己の未成熟からくる模倣的な破壊衝動であったのか。ともあれ彼は転向する。そして偶像は再興さるべき権利をもっていると書くのである。

破壊せらるべき偶像がまた再興せらるべき権利を持つという事実は、偶像破壊の瞬間においてはほとんど顧みられない。破壊者はただ対象の堅い殻にのみ目をつけて、その殻に包まれた漿液のうまさを忘れている。

少年和辻をかつて偶像破壊へと向かわせた理由について、「数知れぬさまざまな理由」であったと『日本古代文化』の「初版序」に和辻は書いている。ではその彼を偶像再興者へと転向させた理由は何か。「一人の人間の死が偶然に自分の心に呼び起した仏教への驚異、及び続いて起つた飛鳥奈良朝仏教美術への驚嘆が、はからずも自分を日本の過去へ連れて行つた」と和辻は同じく「初版序」に書いている。かつての彼にとって無きに等しかった日本古代文化の再発見に彼を導いたのは「一人の人間の死」であったといっているのである。精神の転換を導くほどの重い意味をもった「一人の人間の死」とは何であったかを探る手段を今の私はもっていない。年譜にはそれを窺わせる記事はない。ただ「ある子供の死（なき坂秀夫の霊に手向く）」[5]という『思想』（大正一〇年一一月）に載った文章があるが、その「子供の死」が上の「一人の人間の死」であるかどうかは分からない。ともあれ「一人の人間の死」が和辻における精神的な転換を導いたのである。『偶像再興』に「転向」を記したその翌大正八年に和辻は『古寺巡礼』を出版する。和辻の名を今に留める名著である。『日本古代文化』が刊行されるのはその翌大正九年である。

和辻の人生において重い意味をもった「一人の人間の死」が彼の精神の転換を導いた。偶像の破壊者であった和辻は、再興さるべき権利をもったものとして偶像を再び見出すのである。日本の古代とその文化は、いま再発見者和辻をもつことになるのである。「一人の人間の死」は和辻の個人史をこえた重い意味を日本文化史あるいは日本近代史の上にもつことになったのである。

3 津田の記紀批判

「記紀の上代史が神代史と共に後世の創作であるといふことは、もう疑の余地がないと思ふ」と和辻が『日本古代文化』に書いたのは大正九年である。すでに津田の『神代史の新しい研究』(大正二)も、その続編である『古事記及び日本書紀の新研究』(大正八)も刊行されている。記紀によってわれわれは皇室と国家とそして民族の歴史的な起源なり成立をいうことができるのかという問いを、津田ははじめて真っ正面から突きつけたのである。この津田による記紀批判が導いた「結論」は、日本近代史において学問的・思想的言説がもたらした最大の事件であったといっていい。津田は「記紀の仲哀天皇(及び神功皇后)以前の部分に含まれてゐる種々の説話を歴史的事実の記録として認めることが今日の我々の知識と背反してゐるのは明かであらう」といい、また「国家の成立に関する、或は政治上の重大事件としての記紀の物語が一として古くからのいひ伝へによつたものらしくないとすれば、それが幾らか原形とは変つてゐようとも、根本が後人の述作たることに疑は無からう[6]」ともいい切るのである。この津田による記紀批判の「結論」はさらに重大な言葉をもたらしている。

要するに、記紀を其の語るがままに解釈する以上、民族の起源とか由来とかいふやうなことに関する思想を、そこに発見することは出来ないのであるが、それは即ち、記紀の説き示さうとする我が皇室及び国家の起源が、我々の民族の由来とは全く別のこととして、考へられてゐたことを示すものである。記紀の上代の部分の根拠となつてゐる最初の帝紀旧辞は、六世紀の中ごろの我が国の政治組織と社会状態とに基づき、当時の官府者の思想を以て皇室の由来を説き、また四世紀の終ごろからそろそろ世に遺しはじめられた僅少の記録やいくらかの伝説やを材料として、皇室の御系譜や御事蹟としての物語を編述したものであつて、民族の歴史といふやうなものでは無い。

記紀は皇室とそれを中心とした国家の起源を、しかも「後人の述作」によって語り出すものであって、決して民族の由来を語るものではないと津田はいう。「記紀の説き示さうとする我が皇室及び国家の起源が、我々の民族の由来とは全く別のこととして考へられてゐた」という津田の言葉は、記紀の神代史および上代史に天皇命《すめらみこと》とともにわが民族の生成する物語を読み取ろうとするロマンチシズムに冷水を浴びせるものであった。ここには皇室の起源と民族あるいは国民の起源とを一体視しない、きわめて健全で、考えてみれば当然の視点がある。明治の天皇制国家の創設が、天皇と国民との起源を一体視させるのであって、明治以前にそのような見方があったわけではない。天皇との一体化を考えたのは宣長ぐらいだろう。津田には明治が作り出す天皇制国家神話に簡単には与しない何かがあるようである。その何かとは、明治初期の青年たちの内に流れていった平民－国民主義的血潮だとここではいっておこう。津田に『文学に現はれたる国民思想の研究』を書かせるのはこの平民－国民主義である。

こんな風であるから、民間に叙事詩は発達しないで、其の代り官府で神代史が作られたのである。神代史は官府もしくは宮廷の製作物であつて国民の物語では無く、初めから文字に書かれたものであつて伝誦したものでは無い。従つて又た知識の産物であつて、詩として生まれたものでは無く、特殊の目的を有つて作られたものであつて、自然に成り立つた国民生活の表象、国民精神の結晶ではない(7)。

これは津田の神代史の諸研究とほとんど同じ時期に刊行された『文学に現はれたる国民思想の研究 貴族文学の時代』の第二章「文学の萌芽」における文章である。記紀の神代史とは、「国民生活の表象、国民精神の結晶ではない」と決然という津田の口調に注目すべきであろう。これは津田の言葉としてのみ聞きうるような、日本近代史におけるただの一回的な言葉だと私は見ている。二一世紀日本においてなお第一の国民文学的古典としてもてはやされる『古事記』の繁栄を見よ。かつて日本の公権力が抑え込んだあの津田の言葉を、現代の日本人は忘却の押入れ深くにしまい込んだままでいるのである。

4　偶像の再構築

和辻の『日本古代文化』とは、津田の記紀批判という偶像破壊を受けてなされた偶像再興の作業である。記紀における神代史・上代史の記述が後人の創作になるものであることは、「もう疑の余地がないと思ふが」と和辻は津田の記紀批判を受け入れるようにして反転する。「たとへ一つの構想によつてまとめられた物語であつても、その材料の悉くをまで空想の所産と見ることは出来ぬ」と和辻はいうのである。もちろんそうだ。津田が記紀の神代史を後人の創作というとき、そこに編述された説話・民話の類がすべて後人によって創作されたなどといっているのではない。一定の意志をもった後人の編述を創作といっているのである。その創作的意志の遂行の過程で説話の原形もまた変容されるのである。説話は作為をもって神代史に編み込まれるのである。それを明らかにするのが津田の説話・物語分析をともなった記紀批判である。神代史の編述を貫く創作意志とは、皇室の創成を日神を皇祖神として語り出そうとする意志である。だから津田の記紀批判は、皇祖神を中心とした皇室の思想を神代史の骨子として明らかにするのである。皇室の存在は津田の記紀批判によって記紀の創作意志との相関のうちに置かれることになるのである。津田の記紀批判はたしかに天皇制国家権力にとっては禁止されねばならない破壊的言論であった。そして和辻にとっても津田の記紀批判は偶像破壊を意味したのである。

偶像破壊とは人びとの奉じる神を殺すことである。偶像の再興とはその神を再び祭壇上に奉じることである。津田の記紀批判は神を殺したわけではない。神を裸にしてしまったのである。日本の神がまとっていた共同体の装いを彼ははぎ取ってしまったのである。記紀は皇室の成立を語っても、民族の成立を語るものではないと津田はいった。記紀の神代史とは、国民の精神の結晶というべきものではないともいった。それを奉じる人びとから切り離された神とは、殺されたにも等しいというべきかもしれない。和辻は津田の記紀批判を偶像破壊だとした。彼は破壊された偶像を再興しようとする。ではどのようにしてか。はぎとられた共同体の装いをもう一度日本の神に着せることによってである。神代史に編み込まれた説話や民話からもう一度それらを語った人びとの息づかいを聞き出すことによってである。神が再び共同体の神として、神と民族とが一つのものとして神代の物語から読み出されたとき、偶像は再興されたといえるだろう。『古事記』がもう一度発見されなければならない。

5 『古事記』の復興

「古事記を史料として取扱ふためには厳密な本文批評を先立てねばならぬ。しかしこれを想像力の産物として鑑賞するつもりならば、語句の解釈の他に何の準備も要らない。しかも古事記がその本来の意義を発揮するのは、後者の場合に於てではないだらうか」。和辻は『日本古代文化』における『古事記』再評価の章の冒頭でこう述べている。この文章が津田による記紀の解体的批判の後のものであることは明かである。津田の解体的批判は記紀を歴史的資料としてみなすことの上になされたものであった。歴史的資料とみなすかぎり、神代史と仲哀天皇（神功皇后）に至る上代史を歴史的事実の記録として認めることはできないと津田はいうのである。ことに帝紀に対して旧辞的な説話的部分を多くもつ『古事記』の史料的な意味はほとんど否定される。だがその『古事記』が歴史的資料としてではなく、文化的あるいは文学的資料としてみなされるならば、その意義は別個に見出されるはずだと和辻はいうのである。彼は「想像力の産物」としてみなすならばという。ここで想像力とは恣意的な空想をいうのではない。民族の国家的な統一を作り出す政治的制作力と同等な文化的な統一を作り出すような文学的創作力をいうのである。『古事記』をこの意味での「想像力の産物」とするならば、その意義を解するには文学的解釈力だけがあればいいと和辻はいうのだ。『古事記』の復興は文学的解釈力を自負する和辻によって担われるのである。

『古事記』とは日本の古代史のどこにもそれを歴史上に繋ぎ留めているたしかな証拠をもたない、いわば歴史的には浮游するテキストである。その成立は太安万侶の序という自分で記した証明書しかもっていない。その序には撰録が成って安万侶が『古事記』を元明天皇に献上したのは和銅五年正月二八日だと記されている。和銅五年とは七一二年である。だがこの年における『古事記』の成立を傍証するものは何もない。ちなみに『日本書紀』は養老四年（七二〇）に成ったことが『続日本紀』に記されている。『古事記』が日本の最古の古記録として見出され、その意義が評価されるにいたったのは本居宣長によってである。宣長は太安万侶の序を真実のものと信じた。「序は安万侶の作《かけ》るにあらず、後の人のしわざなりといふ人もあれど、其は中々にくはしからぬひがこころえなり。すべてのさまをよく考るに、後に他人《あだしびと》の偽り書る物にはあらず、決《うつな》く安万侶朝臣の作るなり」（『古事記伝』二之巻）と宣長はいう。「序は恐らくは奈良朝の人の追て書し物かとおぼゆ」と宣長に告げたのは師である賀茂真淵であった。(8) 宣長は師に逆らう形で安万侶の序を真としたのである。これを真とすることは何を意味するのか。そのことはまず和銅五年（七一二）の『古事記』の成立を真とすることを意味する。さらに重要なことは、『古事記』成立の背後に天武天皇（命令者あるいは原形的古記録の選定者）と稗田阿礼（誦習者）とそして太安万侶（最終の撰録者）という統一的な意志をもった作者たちが存在することを序によって認めることである。そのことは、古えの事を古えの言にしたがって正しく後に伝えようとする意志が『古事記』成立の背後にあると認めることである。『古事記』テキストの成立過程に天武天皇の命にしたがってなされた稗田阿礼による誦習の過程を認めることは、このテキストがもつ古代性をいっそう確実にするのである。師に逆らってこの安万侶の序を真とすることによって、宣長の大著『古事記伝』ははじめて成るともいえるのである。

だが『古事記』とは危うい書である。虚心にこの安万侶の序を読むならば、これが何かを隠すがごとく装われた文章であることを直ちに認めるはずである。装飾的漢文の作為をにくむ宣長がそれに気づかなかったはずはない。しかし宣長はなおかつこれを真としたのである。宣長にこれを真とさせたのは、『古事記』の旧辞的世界がもつ古代性への信であったのかもしれない。『古事記』の旧辞的世界がもつ古代性への宣長の信が、安万侶の序をも真実とさせたのだろう。私がいいたいことはこうだ。『古事記』の古典性は、後世における再評価的な発見者なり解釈者の存在と相関的だということである。『源氏物語』は宣長をまたずともわれわれにとっての古典でありえている。だが『古事記』は宣長なしにはわれわれにとっての古典ではない。『古事記』に対する宣長のこの位置を近代で継承し、再現するのが和辻だと私には思われるのだ。

天武天皇は「帝紀を撰録し、旧辞を討覈《とうかく》して、偽りを削り実を定めて、後葉《のちのよ》に流《つた》」えることを欲し、稗田阿礼に「勅語して帝皇の日継及び先代の旧辞を誦み習」わしめたと太安万侶の序はいっている。後に安万侶はこれによって『古事記』を選録し、元明天皇に献上したというのである。和辻はこの安万侶の編集作業をこう考える。「もし安万侶が何らか手を加へたとすれば、それは従来離れてゐた帝皇日継と先代旧辞とを混合したことに過ぎないであらう。……古事記を芸術品として見るときには、右の混合は全体の統一に対する最も不幸な障害である。然らば安万侶は旧辞の芸術的価値を減殺する以上に内容的には何事をもしなかつたわけになる」と和辻はいうのである。安万侶の編成作業とは『古事記』がもつ「芸術的形式を破壊したに過ぎ」ないのである。ではもう一度『古事記』を高い芸術性において輝かすためにはどうするか。

でもし我々が現在の古事記から帝皇日継と先代旧辞とを分離するならば、（即ち誤つて混合せられた系譜と物語とを、——散文的な現実の記録と想像から出た詩的叙述とを、——自然主義的記述と理想主義的記述とを、分離するならば、）そこに現はれた先代旧辞こそは、継体欽明朝に製作せられた一つの芸術的紀念碑なのである。

『古事記』という一つのテキストから旧辞的部分を分離するというのはまったくの恣意である。だがこの恣意的操作によってはじめて『古事記』は現代に芸術的価値をもって甦るものであることを和辻のこの言葉は教えている。『古事記』とはたしかに危うい書なのだ。だが私が和辻による『古事記』再評価をめぐってのべてきたのは、『古事記』のこの危うさをいうためではない。和辻の『古事記』再評価によって、何が、いかにして甦るかである。何が、いかにして再興されるかである。

6　日本民族の読み出し

和辻は『古事記』から帝皇日継を洗い去ったところに「先代旧辞」という「一つの芸術的作品」を認めるのである。『古事記』の旧辞とされる神話・民話はただ寄せ集められた多数としてあるのではない、和辻はそれらを一つの芸術的な作品として見るのである。これを一つの作品とすれば、そこに作者が存在することになるだろう。「その作者が（単数であると複数であるとを問はず）上代のすぐれた芸術家であつたことを認める」と和辻はいうのである。その芸術的な価値においては『日本書紀』は『古事記』にはるかに及ばないと和辻はいう。その『日本書紀』について和辻は作者をいったりはしない。では『古事記』の「先代旧辞」の作者とはだれか。宣長はすでに和辻がいう「先代旧辞」の作者を天武天皇と稗田阿礼の二人に見ていたように思われる。和辻もまたこの二人を作者としていたのかもしれない。だがこの二人に見る作者とは、多くの異本群からこの「先代旧辞」を最良のものとした選定者であり、その旧辞の言語を誦習し、記憶にとどめた宮廷の語り部ではないのか。本当の作者とはその旧辞の中にこそいるのではないか。神話・民話として語り伝えられたこの「先代旧辞」をもしすぐれた一つの作品というならば、その本当の作者とは一つの言語（日本語）をもった神話・民話の想像力豊かな語りの匿名的多数の主体であるだろう。日本語をもった文化の共同的主体とは日本民族にほかならない。『古事記』の「先代旧辞」を和辻が一つの芸術的作品と認めたとき、彼は作者としての日本民族をその作品の背後に見出していたのである。

『日本古代文化』の冒頭の章「上代史概観」で和辻は、「我々の上代文化観察はかくの如き「出来上つた日本民族」を出発点としなければならぬ」といっている。彼は考古学的遺物をはじめ歌謡、神話、信仰、音楽、造形美術などによって上代文化を考察するが、その文化の共同的形成主体である日本民族がすでに出来上がっていることを前提にするというのである。混成せられた民族がすでに「一つの日本語」を話すところの「日本人」として現れてきていることを前提にするというのである。『古寺巡礼』の作者和辻にしてはじめてなしうるような日本上代文化の考察は、芸術性豊かな日本民族を文化的遺物を通して読み出すことでもあるのだ。『古事記』とはこの日本民族の最初にして最古の芸術的作品である。昭和の偶像はこのようにして再興された。

私は和辻倫理学における文化共同体としての「民族」概念をめぐって考えていた。和辻における文化概念としての「民族」の再構成作業は、彼の『日本古代文化』研究によって先行されるものだろうと私は考えた。だから「民族」概念をめぐる本稿を『日本古代文化』論から始めようとしたのである。『日本古代文化』を読み始めて、私はすぐにこれが和辻における「偶像再興」の作業であることを覚った。昭和に先立つ青年期の和辻に偶像の破壊から再興へという精神史的転回があったのである。和辻の精神史におけるその転回は、『日本古代文化』では津田による記紀批判から和辻による『古事記』復興への評価の転回として語られるものであった。和辻において「民族」は偶像破壊から再興へという彼の精神史的転回を通じて語り出されてくるのである。

12 文化共同体としての民族とは

〈文化〉を〈民族〉で語ってしまうこと

今や文化共同体の最大なるものとしての民族にあつては、文化の共同に於て友人たり得るあらゆる人々の間に家族的・地縁的・経済的な「私」の克服が実現されなくてはならぬ。

和辻哲郎「文化共同体」『倫理学』中巻

1 「結論」からの読み直し

和辻『倫理学』の中巻第三章「人倫的組織」の最終節「国家」に先立つ第六節「文化共同体」を私はある予測のもとに読んでいった。和辻はこれ以前に『古事記』における日本神話の芸術的創作主体として日本語を共有する民族を想定していた[1]。だからここで和辻がするのも民族を文化的共同体として再構成する作業だろうと予測したのである。だがその予測にしたがってした私の読みは行き詰まってしまった。そうした読み方によっては辿りきれない何かがここにあるように思われた。

第六節「文化共同体」とはたしかに始末に負えない一章である。著者和辻にとってもこの章は始末をつけにくかったのではなかったのかと思いたくなる。筋道をつけにくい議論を重ねていって和辻は、一二〇頁にもなろうとする大部の章を結局書いてしまったのではないのか。だから、彼がやっと辿り着いた結論から、この始末の負えない議論を見直してみるしかないと私には思われたのである。和辻がこの章で最終的に提示しているのは〈精神共同体としての民族〉なのである。「文化共同体」をめぐる彼の長い語りは、〈精神共同体としての民族〉をいうことで一応のケリがつけられ、そこから結論めいたものが導かれているのである。和辻はこの〈精神共同体としての民族〉を、〈イスラエルの民族〉、すなわち宗教的共同体としての民族によって語り出していく。和辻の論述において〈イスラエルの民族〉は〈精神共同体としての民族〉を導く上で決定的な意味をもっている。〈イスラエルの民族〉とは和辻において、〈神の民〉あるいは〈神聖民族〉をいうための換喩をなしている。だから和辻は〈イスラエルの民族〉によって、「総じて人間が神聖なるものを自覚する場面は民族であり、その自覚を通じて神或は神々として把捉せられるものは民族の生ける全体性である」というのである。これは現御神《あきつきかみ》と日本《やまと》民族をいう言葉でもある。この神聖な全一体としての民族、それが〈精神共同体としての民族〉である。和辻の「文化共同体」のタイトルをもつ第六節の議論は、この〈精神共同体としての民族〉に行き着くのである。この民族という聖なる全体性に、その構成者のそれぞれが去私的に帰一するあり方を和辻はこう書いている。

個人としての人格は、一切の「私」を去ることによつて、聖なるものとしての民族の全体性に帰一する。「私」を去ることは個性を没することではない。精神共同体の一員である以上、人格はあくまでも個性的でなくてはならぬが、その個性的なるものがそれにも拘らず全一となるのは、まさに「私」を去るが故なのである。(2)

一九四五年の敗戦を迎えた和辻は、上の引用文中の「聖なるものとしての民族の全体性に帰一する」という箇所を、「本来の自己としての生ける全体性に帰来する」に改めている。『倫理学』中巻の改定版は終戦の翌年に刊行されている。[3] 和辻による『倫理学』中巻の戦後改定はしばしばこうした文章の書き換えとしてなされている。この書き換えは何を意味するのか。戦中版の「聖なるものとしての民族の全体性に帰一する」という言葉によって、昭和一七年の日本人なら神聖なるわが日本《やまと》民族に一体的に帰一すべき民族構成者の一人としての自覚を促す言葉を直ちに読み取ったであろう。昭和二一年の戦後の和辻はそれを全体性の倫理学の理念的・概念的言語に書き換えるのである。和辻からすれば、これはただの文章の書き換えであり、倫理学的立場の変更でも、内容の改竄でもないというだろう。だから全集や文庫[4]の編者も当たり前のように戦後修正版をもって正統の和辻『倫理学』のテキストとしているのである。だがあの書き換えとは何か。それは昭和一七年の日本人の読者が和辻『倫理学』の文章の背後にありありと感じ取っていた生ける全体性としての日本民族と、日本人という一体的な民族感情とを直ちには読めなくしたことである。和辻は戦中版『倫理学』中巻の文章が当然負っている歴史的な刻印を注意深く消していったのである。したがってこの書き換えはただの文章的な修正を意味するものではない。それは〈イスラエルの民族〉がもっていた換喩としての意味を消していくことである。敗戦後の小学生・中学生がした教科書の墨消しのように。

　だがこの書き換えが教えているのは、戦後的改定の実体だけだろうか。この書き換えは和辻『倫理学』における彼の論述のあり方を、すなわち和辻倫理学という彼の修辞法をわれわれに教えているのではないか。もし昭和一七年の読者なら、和辻のあの文章によって聖なる全体性としての日本民族と日本人という一体性とをありありと感じ取ったはずだと私はいった。少年としてあの時代を知る私でさえ和辻の全体主義的文章の背後にあるものを直ちに感じ取ることができる。だが和辻はそれを読者に感じ取らせたままにして、彼は大正世代の文化主義的な言語と修辞とをもって倫理学を展開させるのである。ヘーゲル的な否定的弁証法の論理をもって、またディルタイやハイデガーの解釈学的方法によって、あるいはマックス・シェラーの哲学的人間学の批判的な受容によって彼は語っていくのである。しかし二〇世紀の両大戦間の文化主義的な言語装置で語られていることはきわめて生々しいことなのである。私が始末に負えないというこの「文化共同体」の章とは、まさしくこの和辻的な修辞からなる代表的な章である。〈精神共同体としての民族〉は和辻の「文化共同体」をめぐる論述のいたるところに見え隠れしてあり続けている。だがわれわれが文章上でつき合わされるのは〈友人〉とその共同体についての議論であり、芸術・学問・宗教など文化の根柢的な時間性・共同性をめぐる議論であり、その文化的共同が維持される範囲をめぐる議論などなどである。そして一二〇頁におよぶこうした議論の行き着いたところで、それまで見え隠れしていた〈精神共同体としての民族〉がやっと表面に姿を現わすのだ。ともあれ「文化共同体」の議論はここに行き着くのである。そしてこの長大な「文化共同体」の章をまとめるかのような数行の結論的な言葉がのべられていくのだ。

> 今や文化共同体の最大なるものとしての民族にあつては、文化の共同に於て友人たり得るあらゆる人々の間に家族的・地縁的・経済的な「私」の克服が実現されなくてはならぬ。

この三行にも足りぬ言葉で何かが分かるか。分かりはしない。そもそもこの文章自体が意味をはっきりと伝える体をなすものではない。ただ一二〇頁の始末に負えない文章につき合ってきた私に分かるのは、なるほど和辻はあの始末に負えない長大な文章をこうまとめたのかということだけである。私はこのまとめの文章を手掛かりに和辻の「文化共同体」を解読してみるしかない。なおこの三行にも足りぬまとめの文章も戦後修正版では改定されている。「今や文化共同体の最大なるものとしての民族にあっては」は、「今や文化共同体の包括的な段階としての民族にあっては」と直されている。これは「民族」の語をめぐるきわめて細心な修正である。しかし和辻の修辞は、こうした修正で何かを隠しおおせるものなのか。

2　友人的共同としての文化的共同

さきにあげた和辻のまとめは、まず「文化共同体の最大なるものとしての民族」をいっている。ということは文化共同体にはさまざまあるが、その中で最大なものが民族だということである。さらにあのまとめは「文化の共同に於て友人たり得るあらゆる人々」といっている。ということは文化の共同とは友人関係を構成する人びとの間のものだということである。そうすると文化共同体とは友人共同体だということになる。このまとめによって見ても和辻は文化共同体を二つの方向でいっているように思われる。一つはその最大のものが民族であるような文化共同体である。もう一つは文化の共同を友人的共同としてとらえる方向である。後者からは文化共同体とは友人共同体だという規定がもたらされる。そこからすれば、「民族とは友人共同体の最大なもの」となるだろう。もちろんこれは私が和辻の文化共同体をめぐる二つの言及から論理的に導いたことであって、和辻がいうことではない。和辻は文化共同体をめぐるこの二つの方向をもった言及をあのまとめのように意味不明な形でまとめたのである。この意味不明なまとめを解読するのが私の課題である。だが「文化共同体」という章の始末に負えない錯雑は、「民族とは友人共同体の最大なものだ」という論理的帰結を導くことになりかねない和辻の文化共同体をめぐる二つの言及に由来するものである。

文化共同体とは何かを説明して、読書サークルも、芸術家集団も、あるいは学校において共通の学習活動に従事する生徒の集団も、宗教的教義を共に信奉する集団も、さらには伝統的な文化財を共有し、慣行的な祭事を共に遂行する氏子集団もみな文化共同体であるといったならば、これは間違っているだろうか。私は当初、文化共同体をそのようなものとし、その最大なものを民族だと和辻はしていると考えた。しかし文化共同体をこのように考え、その最大のものとして民族を見出そうとすることは、せいぜい文化の共有性の最大の範囲は民族だということを出ないのではないか。たしかに和辻は文化価値が共有される範囲を問題にしている。その範囲が言語的同一性の成立する範囲に重なることをも彼はいっている。「言語の共同の範囲は何であるか。我々はそれを「民族」と名づけてよいであろう」と和辻もいうのである。だがこのようにして文化共同体の最大なものとして民族を見出していくのは、あの結論がいう、人びとがそれぞれの「私」を去って帰一すべき倫理的課題としての〈聖なる民族〉に直面する方向なのだろうか。

私は文化共同体とみなされるものを列挙していく説明の仕方は間違っているだろうかと自問した。たしかにそれらはみな文化共同体であり、和辻もまたこうした共同体を挙げて説いていく。だが文化的なものの共有や文化的活動の共同によって説かれていく文化共同体とは、和辻が友人的としていう共同体ではなかろうか。ちなみに文化的共同体を友人的共同体とするとらえ方は、東ニューギニア諸島における交換組織「クラ」をめぐるマリノウスキーの報告によって和辻が確証していったものである。(5) 部族をこえた二人ずつの交換関係が何千となく変わらずに宗教的祭式をともなって維持されていくクラという交換組織は、商業組織をこえた文化的組織であることを和辻は確認した。しかもその文化的組織は部族をこえた二人ずつの親友関係からなるのである。文化的共同を友人的共同としてとらえる重要な示唆を和辻はここからえるのである。友人的関係は血縁的、地縁的結合の内部で、あるいはその結合範囲をこえてなされる結びつきである。文化財の共有や文化活動の共同はこの友人的結合においてなされると和辻はするのである。かくて人倫的結合関係の閉鎖性の度合いによって人倫態を序列化してきた和辻は、血縁的共同体、地縁的共同体、そして彼にとっては否定的な経済社会の先に文化的・友人的共同体を見出すことになるのである。

文化的共同体を友人的共同体として見るとらえ方はたしかに面白い。友人的関係とは血縁的結合の閉鎖性を破るような開放的関係である。それは親子のタテ関係的結合に対する人と人とのヨコ関係的結合である。儒教は父子・君臣・夫婦・兄弟・朋友を五倫とし、それをもって人間的秩序をなす基本的関係としてきた。この五倫に朋友という友人関係が含まれていることは重要である。孔子は父子関係に集約されるタテの人間関係の道徳すなわち〈孝弟〉とともに、朋友というヨコの人間関係の道徳すなわち〈忠信〉を重視した。孔子において〈忠信〉とは人と人との信頼関係を成す道徳である。そして「主忠信（忠信を主とする）」を孔子の基本テーゼとして『論語』を読み切ろうとしたのが伊藤仁斎であった。我と人との関係性の充実による人間社会の道徳的確立を仁斎は説くのである。私の仁斎講義(6)はこれまでにして、ここで私がいいたいのは朋友関係への注目は人間社会の再構成を可能にするということである。たしかに和辻は文化的共同を友人的共同とすることによって、血縁的共同体などの閉鎖性をこえる開放性を文化共同体に見出したのである。だが和辻は友人的共同性がもつこの方向を先へと推し進めることはしなかった。遠方より来たる朋友を見出した孔子の悦びを、和辻は同志的朋友をもちえたことの悦びにしてしまうのだ。志を同じくする遠方からの友を見出すことの悦びと、緊密に結合する同志として友を認めることの悦びとは違う。和辻は開かれた友人的結合をあらためて同志的な閉鎖的結合へと閉ざしていくのである。たしかに友人的共同体を再び閉じた人倫態にしていくことは、その先に全一的な結合体としての民族を見出していく道であるだろう。和辻は友人的結合の純粋なものとして真宗の同朋組織のような宗教的な信者の共同体をいうのである。こうして和辻は友人的共同体の開放性を抹消した先に純粋な全一的結合体、すなわち〈民族〉を見出していくのである。これは〈文化〉的共同体から〈民族〉的共同体を見出そうとすることである。

これは私が和辻によって辿った〈文化〉から〈民族〉への道である。だが和辻にはそれとは異なって、人間の共同存在そのもののあり方から〈文化〉を把握する道がある。すなわち共同存在という人間の存在論的基底から〈文化〉とその形成のあり方をとらえていく道である。むしろこれが和辻『倫理学』における「文化共同体」論という倫理学的論述の本来のものであるのだろう。

3　文化と人間存在

和辻は「文化は一面に於て文化活動を意味すると共に、他面に於て文化産物・文化財を意味する」と「文化共同体」の章の最初にいっている。ここでいう文化の例として和歌を考えてみよう。和歌という文化は、歌を作り、歌を詠み、そしてその作られた歌を人が読むという文化活動である。それとともに和歌とは一定の詠歌形式をもった文学であり、また作られた和歌は作品をなし、そして作品としての和歌は歌集に編集されて後世に伝えられる。その意味で和歌とは文化産物であり、文化財でもある。文化財とはある文化的価値をもって歴史的に人々に共有されていく財である。この文化の定義に立って和辻は、「文化活動は共同性の表現としての文化財を作ることに於て人間の間柄を作る働きであり、文化財はこの働きに於て作られたものとして人間の合一を媒介するものである」というのである。これは文化の人間存在論的な再構成である。私はここでも和歌を例にしてこれを解説してみよう。和歌という文化活動は、和歌によってある意味を発する人とそれを受け取る人、あるいは作る人と読む人、そしてまた作ることを競い合う仲間というような人と人との共同性から生まれる表現活動である。同時に和歌を作り、和歌集をまとめていくという活動は、和歌の受け手との関係を作り出し、同人的集団を生み出し、時間的隔たりをもちながら後世社会にその享受者の集団を作り出すことさえする。和歌という文化財を作ることにおいて、たしかに人間の間柄を作り出しているのである。だから和歌という文化財は人と人との間柄を結びつける働きをするのである。和辻はこれを「人間の合一を媒介する」というのである。和辻は人間存在の本質である共同性から和歌という文化活動が成立し、その共同性の表現である和歌を作ることが人間の共同性をさらに実現していくというのである。その上で和辻は、「文化財によつて合一する人々を「友人」と名づけるとすれば、前に土地が隣りや道具の見出される場所であつたやうに、文化は「友人」や「文化財」の見出される時間的場面であると云ふことが出来る」[7]というのである。ここでわれわれがすでに見てきた「友人」が「文化財によつて合一する人々」と定義されている。それは和歌を通して一つになる人びと、作者と読者、同人たちであり、ある歌集を愛好する人びとである。飛躍していえば、『万葉集』を心を一つにして愛好した昭和の日本人も文化財によって合一した友人である。

ところで和辻はここで文化を再定義している。文化とは「友人」や「文化財」が見出される「時間的場面」だというのである。和辻は人間の共同存在のあり方を時間的・空間的構造において規定した。人間を共同存在としてとらえる限り、空間性がその本質的な規定としてあることは分かる。では時間性とは何か。和辻は人間は既存の共同性を前提にし、そこから出て、つねに新たな共同性に向かって行く存在だというのである。人間を行為的な連関における共同存在とする限り、人間の存在構造が空間的であり時間的であることは明らかである。和辻はここでは文化を定義するのに人間存在の時間性によってしているのである。和歌を作るということは、すでに男と女とか、作り手と読み手とか、同好者仲間といった既存の関係性を前提にし、また和歌という言語的表現形式の既存性によりながらなされる表現活動である。そして和歌が詠まれることによって関係性もまた新たに作り直されたり、あるいは破れたりする。また和歌集における和歌はまだ見ぬ読者に向かってその歌集内に存在するといえるだろう。だから和歌という文化とは、そこにおいて和歌を共にする友人たちを、さらにはその人びとを一つに繋ぐ文化財として和歌自体をも見出すような時間的な場面だというのである。和辻はここでは文化を人間存在の時間性においてとらえたが、地域的に限定された言語による表現形式としての和歌を例にして考えれば、和歌という文化は、そこにおいて友人や文化財を見出す空間的な場面だということもできる。

私はここまで和辻による文化の人間存在論的あるいは人間学的な定義というべきものを和歌を例にとりながら解説してきた。だが「文化活動は共同性の表現としての文化財を作ることに於て人間の間柄を作る働きであり、文化財はこの働きに於て作られたものとして人間の合一を媒介するものである」といった言葉で和辻がする文化の人間学的定義をわれわれはどう考えたらよいのか。私はさきに和辻は文化を人間存在論的に再構成するといった。しかし和辻がしていることは文化の人間存在論的な再構成というよりは、文化の人間存在論への還元ではないか。いいかえれば文化を共同存在としての人間の存在論的概念にしてしまうことではないだろうか。さらにいえば文化を和辻倫理学的な概念にしてしまうことではないのか。かつて和辻は人間的生のあらゆる表現は〈倫理の表現〉であるといった。「生の表現とは間柄としての存在の表現であり、この表現の理解は自ら人を倫理に導く。逆に云へばあらゆる間柄の表現は、即ち社会的形成物は、悉く倫理の表現である[8]」と和辻はいっていた。これは解釈学の方法をもちえた和辻の人間学的倫理学の勝利を告げるような言葉であった。しかしその解釈学の方法とは、取り出したいものを見事な手さばきで取り出してみせる手品師の手管のようなものだと私は前にいった[9]。解釈学の方法は、読み出したいものをいつでも読み出してみせる解釈学という専横的な方法に容易に転化する。文化を人間学的な解釈によって再構成していくと見える和辻の作業とは、文化を人間学的な、あるいは和辻倫理学的な概念に還元してしまう作業である。なぜ和辻の「文化共同体」論はその結論として、人が自己否定的に帰一すべき〈精神共同体としての民族〉をもつのか。文化の共同体もまた和辻において〈人倫〉であり、〈人倫的組織〉であるからである。〈人倫〉とはただ単なる人間の共同的あり方をいうのではない。「個人（即ち全体性の否定）を通じて更にその全体性が実現せられること（即ち否定の否定）に他ならない[10]」という「人倫の根本原理」に貫かれる共同存在こそが〈人倫〉であった。あの〈精神共同体としての民族〉の概念を構成しているのもこの「人倫の根本原理」である。文化共同体を「私」を去って帰一すべき〈民族〉として読み出していく和辻の結論はもう間近にある。

4　最も大いなる精神共同体

和辻において文化共同体を〈民族〉として読み出すことを可能にしているのは言語である。言語とは人間にとってもっとも身近で、かつ普遍的な文化財であり、文化活動でもあると和辻はいう。だが〈文化〉を語るに〈言語〉をもってすることには、すでに和辻の人間存在論的な読みの専横があるというべきだろう。言語活動とは社会的存在としての人間に本質的な活動である。社会的存在とは和辻倫理学的にいいかえれば間柄的存在である。だから和辻は、「言語活動は原本的には間柄的活動にほかならぬ」というのである。とすれば和辻が〈文化〉を〈言語〉において語ることは、文化を語る形をとりながら、文化を人間存在論的に規定していくことである。しかも間柄的存在としての人間は時間的・空間的構造をもって存在するのであれば、現実の言語とは時間的・空間的に規定された言語、すなわち時間的に同一性をもって形成され、空間的に一定の範囲において共有される言語、すなわち民族言語となるだろう。言語を共有する共同体、すなわち言語共同体とは、われわれにもっとも手近で、もっとも普遍的な文化財である言語を共有する共同体として、文化共同体を優越的に名乗りうる共同体である。この優越的な文化共同体とは民族なのである。

かくて言語の共同は一定の人間共同体の範囲を示すことになる。……では言語の共同の範囲は何であるか。我々はそれを「民族」と名づけてよいであらう。古来史上に現はれた民族にして言語の共同を第一の特徴としないものは、ただ一つユダヤ民族のみであらう。がこのユダヤ民族に於てさへも、その民族的統一を表現するものは、まさしくヘブライ語の聖典である。即ち本質的には言語の共同の上に立つてゐるのである。

言語共同体とは文化共同体を優越的に名乗りうる共同体であった。この文化共同体とは言語とその範囲を同じくした最大の人間共同体、すなわち民族である。かくて和辻は文化共同体によって民族を語っていくのである。文化共同体は和辻において友人共同体でもあった。友人とは文化財の共有者であり、一定の文化活動を共にする仲間である。和辻は信仰を同じくする宗教教団にもっとも純粋な友人的存在共同、精神的存在共同を見出していた。かくて民族が宗教の共同体としてあったイスラエルの民を例証として、「総じて人間が神聖なるものを自覚する場面は民族であり、その自覚を通じて神或は神々として把捉せられるものは民族の生ける全体性である」という私が冒頭に引いた結論的言葉が導かれるのである。かくて「民族が最も大いなる精神共同体である」と和辻はいうのだ。

和辻は〈民族〉を〈文化〉として語ったのか。彼がしたのは民族を文化概念として再構成することであったのか。「文化共同体」の章はあたかもそのように見える。しかし私の読みの混乱は、この和辻の粉飾的叙述に惑わされた結果であった。民族とは最大の文化共同体であり、「最も大いなる精神共同体である」というこの章の結論は、〈民族〉が〈文化〉を奪い取り、ただ〈文化〉の仮面をつけて主役を演じているだけであることを教えている。かくて和辻『倫理学』中巻の第六節「文化共同体」

は最終節「国家」登場の露払いの役を果たすのである。最後に私がこの第六節の結論といった言葉、すなわち「今や文化共同体の最大なるものとしての民族にあつては、文化の共同に於て友人たり得るあらゆる人々の間に家族的・地縁的・経済的な「私」の克服が実現されなくてはならぬ」という言葉に導かれて実際に本節の結びをなしている言葉を引いておきたい。『教育勅語』の一節を引いて書かれたこの結びの言葉は、戦後修正版においても修正されずにそのままである。これは戦後修正版をあえて第四刷として刊行した和辻の、己れの倫理学体系への頑なな執着を示すものなのか、それとも負け犬の強がりなのか。それは分からない。ただ和辻が敗戦という事態を、己れの『倫理学』のこうした見せ消ち的な修正でやりすごせると思っていたことだけは確かである。

（文化の共同に於て私を去ることは）従つてそれはしばしば世間の期待に背かないやうな人物となること、或は民族の一員としておのが民族を辱かしめないやうな人物となることとして云ひ現はされる。さうしてそれは学問・宗教・芸術等の文化の共同をなし得ることによつて、即ちこの人倫的組織の組成員としての任務を果し得ることによつて、示されるのである。して見ると民族の場面に於ける人格の道は、「学ヲ修メ業ヲ習ヒ以テ智能ヲ啓発シ徳器ヲ成就シ」と詔せられた丁度その道であることが明かとなるであらう。

13 死ぬことができる「国家」の提示

和辻はここで終えねばならなかった

国家とは何か

人間存在に於けるさまざまの全体性はいづれも絶対的全体性の自己限定にほかならぬが、かかる有限なる全体性のうち最も高次にして究極的なるものは国家の全体性である。それは己れよりも低次のあらゆる全体性を己れの内に包摂するが、己れ自身はもはやいかなる有限全体性の内にも包摂されない。かかる全体性は既に民族の全体性に於て「聖なるもの」、従つて絶大の威力を有するものとして把捉せられてゐたのであるが、併しその神聖性と威力とを明白に自覚し、これを統治権として法的に表現するに至つたのは、まさに国家なのである。

和辻哲郎「国家」『倫理学』中巻

1 「人倫の世界史的反省」

和辻は日本の敗戦の翌年すなわち昭和二一年の『思想』の三・四月合併号に「人倫の世界史的反省序説(1)」という論文を掲載している。敗戦からやっと半年もたつかたたない時期に和辻は、戦争を遂行した日本についての反省的文章を書いたことになる。いや反省はもっと前から始めていたと和辻を知るものはいうかもしれない。この『思想』の論文が「序説」といっているように、本論である「人倫の世界史的反省」を彼は『思想』に連載するつもりでいたのであろう。だが注記したような事情で、その本論は雑誌『展望』に掲載され、やがてそれは『鎖国』の一冊にまとめられ、昭和二五年四月に筑摩書房から刊行された。和辻はこの『鎖国』にまとまる作業、すなわち日本の国家的挫折をもたらすにいたった要因を歴史に遡って反省する作業をすでに敗戦前夜に始めていたのである。「近世というものを初めから考えなおしてみる」研究会を和辻は東大倫理学研究室を中心に組織した。その第一回の研究会が行われたのは昭和二〇年の四月六日であったという。東京に大空襲があったのは三月九〜一〇日である。当時、少年であったわれわれにとっては一億玉砕という恐ろしい予感はあっても、日本の敗戦という予想はありえなかった。しかし和辻らにはすでにそれは予想されるものであったのだ。時代に鋭敏な和辻はすでに戦後の思想的準備ともみなされる研究会を始めていたようにわれわれには見える。「それはまことに切迫した空気のただ中であった。われわれはそういう中にも水のように澄みきった著者（和辻）の研究一途の気魄に励まされて、四月六日に第一回の研究発表会を開き、爾後毎週一回ずつの会合をかさねていった」と古川哲史は『鎖国』の「解説」[2]に書いている。この研究会の開催は、すでに敗戦と戦後を見通した和辻の先見の明を称賛する形で言及されたりするが、しかしこれをそう素直に称賛してよいものなのか。日本の国家的挫折の由来を閉鎖的国民性をもたらした鎖国に求めていくような歴史的検証作業を、私は反省的作業とはみない。それは敗北の責めを国民性の欠点に帰して、自ら負うべき思想的責任を隠蔽し、己れの挫折をも欺瞞するものでしかないと私はみている。私は和辻の戦後の著作は、『鎖国』を含めてほとんど読む気にはならない。ともあれ和辻は、私が反省とは見ない反省的歴史検証なるものを昭和二〇年の春には始めていたのである。したがって八月一五日には「人倫の世界史的反省」の骨格はすでに彼の内部にはできていたのであろう。早いことだ。この早さは昭和一八年末にはすでに「懺悔道の哲学」を書き始める田辺元と対をなすものだ。[3]「人倫の世界史的反省 序説」の冒頭で和辻はこう書いている。

太平洋戦争の敗北によって近代日本が擔《にな》つてゐた世界史的地位は潰滅した。かかる悲惨なる運命を招いたのは、理智に対する蔑視、偏狭なる狂信、それに基く人倫への無理解、特に我国の擔ふ世界史的意義に対する恐るべき誤解などのためである。我々はこの苦い経験を無意義に終らせてはならぬ。平和国家を建立し、文化的に新しい発展を企図すべき現在の境位に於て、何よりも先づ必要なのは、世界史の明かなる認識の下に我々の国家や民族性や文化を反省することである。

この文章は昭和二一年の春の『思想』誌上に載ったものであるが、実際にはその前年、すなわち終戦の年の八月からあまり距たらない時期に書かれたものであろう。この反省という歴史的検証作業は、すでに敗戦に先立って始められていたのであるから。しかしこのタイトルがいう「人倫の世界史的反省」とはいったいどういう意味なのだろうか。この同じタイトルをもった和辻の講義が、昭和二一年四月の新学期から「復員後間もなくの学生であふれた教室の中で展開され始めた」という。[4] 戦地から帰った学生たちもこのタイトルによって、日本人の世界史的視点に立っての国民的反省といったことを感じ取っていたのだろうか。たしかに和辻が「世界史の明かなる認識の下に我々の国家や民族性や文化を反省することである」というところを見れば、「人倫」とは「我々の国家や民族性」を指しているようだ。「国家」「民族性」とは戦争にいたる昭和日本のイデオロギー的主題であり、和辻の「人倫」の倫理学の主題でもあったのではないか。そうであるならば「人倫の世界史的反省」とは、昭和前期日本とその思想的同行者いな主導者でもあった和辻自身およびその倫理学の全的な反省でなければならないはずである。だがこの「反省」の冒頭の文章はどこにもこれが自己反省である様子をみせてはいない。「理智に対する蔑視、偏狭なる狂信、それに基く人倫への無理解、特に我国の擔ふ世界史的意義に対する恐るべき誤解」という否定的な批判的言辞は他者非難の言辞であり、その矛先は狂信的なファッシスト、あるいは国粋主義者・国体論者の言説とそれに同化された国民に向けられている。この「反省」も「一億総懺悔」と同じ性格をもっている。「人倫の世界史的反省」とは、「日本人が日本という国家の国民であることの世界史的反省」という意味であろう。だから和辻は己れの「人倫の倫理学」を敗戦によって本質的に反省することはないのである。彼は敗戦という日本の国家的挫折を己れの倫理学の挫折とはしないのだ。彼はただ修正をするのである。

2 第七節「国家」の修正

和辻の『倫理学』の中巻は第七節「国家」を最終章として、昭和一七年（一九四二）六月に刊行された。この中巻の「序言」で和辻は、「本書の最初の節を執筆し始めた時著者は箱根山中で日支事変の突発に逢ひ、「文化的創造に携はる者の立場」（『面とペルソナ』所輯）に書いたやうな心持で、日々航空機の往来を見まもつてゐた。（中略）さうしてこの巻の最後の節を執筆してゐた時に今度の大東亜戦争の勃発に際会したのである」と書いている。この「序言」がいうように、和辻の『倫理学』中巻とは日本が遂行する昭和の戦争と、その戦争にかけた日本の世界史的使命とを、同時に己れの使命として受けとめてなされた著作である。だから和辻は「序言」を、「この世界史の転換は五年前（執筆開始時）に予測したよりも更に一層大仕掛けで、実に文字通りに未曾有の大事件である。が我々の覚悟は今でも右の文章（「文化的創造に携はる者の立場」）に書いた通りでよいと著者は確信してゐる」

という言葉をもって結んでいるのである。ではすでにできていた覚悟とは何か。

日本が発展することは常に抑圧に価する。発展の度が高まれば抑圧の度も高まるであろう。これが日本の運命なのである。日本人がその発展を断念しない限り日本人は悲壮な運命を覚悟しなくてはならぬ。軍事的運動を始めると否とにかかわらず、この運命は逃れられない。しかもこの運命を護り通すことは、究極において十億の東洋人の自由を護ることである。(5)

昭和の帝国日本が欧米列強との角逐から負わざるをえない運命に、大東亜戦争という世界史の大転換ともいうべき未曾有の事態に当たって国民は進んで従おうという覚悟である。和辻の『倫理学』の中巻、ことに最終の第七節「国家」は彼のこの覚悟の倫理学的な表明といった性格をもっている。日本という人倫的国家の世界史的使命を明らかにすることで、彼の覚悟をも表明しているのである。

国家の業績はこの世界史に於て裁かれる。といふのは、人倫の道を最もよく実現した国家が人間存在の理法に最もよく適つた国家であり、従つて絶対的全体性の神聖な威力を最もよく具現した国家として、先頭に立ち諸の国家を指導するの権威を保持しうるのである。

これはヘーゲルの Weltgerichte（世界史の審判）を引きながらなされた世界史における指導的国家に

ついての言及である。この文章は昭和一七年において間違いなく人倫的国家日本の世界史的指導性をいうものであった。だれ一人としてこれを抽象的な国家理念をめぐる論説として読むものなどいなかったはずである。これをよりファナティックな言葉でいい直せば、高坂正顕があの座談会「世界史的立場と日本」で叫ぶ、「人間は憤る時、全身をもつて憤るのだ。心身共に憤るのだ。戦争だつてさうだ。天地と共に憤るのだ。そして人類の魂が浄められるのだ。世界歴史の重要な転換点を戦争が決定したのは、そのためだ。だから世界歴史はプルガトリオ（浄罪界）なのだ[6]」といった言葉になることは、その当時のだれにも分かっていた。和辻は上に引いた言葉に続けて、「打算社会に堕した国家が指導的地位を保有してゐるとすれば、それはその国家がその堕落以前にその強健なる冒険的精神の如きを以てその地位を獲得したのであり、さうしてその堕落と共に既にその没落は始まつてゐるのである」というのである。世界史の審判はそこからいわれることになる。こう見てくれば和辻の「国家」章とは、世界史的転換を決定づける戦争をいま遂行する日本国家が負う〈世界史的使命〉の倫理学的な表明にほかならないことは明らかであるだろう。

昭和二〇年八月一五日の日本の敗戦とは、この〈世界史的使命〉をもって戦った日本の国家的挫折であった。もし和辻の自覚、すなわち日本の〈世界史的使命〉を国家とともに擔うことの自覚が本当のものであったならば、日本の国家的挫折とともに和辻倫理学もまた挫折したはずである。和辻はたしかにあの「反省」で、「太平洋戦争の敗北によって近代日本が擔つてゐた世界史的地位は潰滅した」といっているではないか。ところが和辻は近代日本の世界史的地位が潰滅しても、彼の倫理学は潰滅したとは考えなかった。彼は『倫理学』中巻を絶版にすることはなかった。和辻はただ修正をしたのである。『倫理学』中巻の戦後修正版はあの「人倫の世界史的反省」が発表されたと同じ昭和二一年の春に四刷として刊行されたのである。[7] その戦後修正版の昭和二一年三月の日付をもつ「序言」は、「今度第四刷りを印行するにあたり、著者はところどころに修正の手を加えた。……最後の第七節の後半にはやや長い修正が加えられている」といっている。和辻は新規の改訂版としてではなく、ただ「ところどころに修正の手を加えた」だけの第四刷版を戦後世界に送り出したのである。和辻の『倫理学』中巻は日本の世界史的地位の潰滅にもかかわらず、ところどころ修正することで生き残った。そしてやがて昭和二四年には下巻が刊行され、ここに和辻の『倫理学』は戦前・戦中・戦後を貫く形でめでたく完結を見たのである。だがそれは本当の完結なのか。これは繕われた、偽られた完結ではないのか。

われわれはところどころの修正によって、何が修正されたのか、すなわち何が消され、何が隠され、何が偽られたのかを具さに見てみよう。

3 本来的な国家

和辻によるところどころの修正は『倫理学』中巻の全体にわたってなされたが、第七節「国家」では大幅な改訂がなされている。ことに数頁にわたる書き直しがなされたのは国家の主権性をめぐる問題、すなわち「主権を君主権と見るか民主権と見るかの別」をめぐる問題を述べる箇所においてである。それに先だって和辻は国家が「最高の人倫的組織としての国家」とその成員の自覚のあり方についてこういっている。なお戦後修正版はこの「最高の人倫的組織としての国家」を「自覚的人倫的組織としての国家」と修正している。これが和辻のいうところどころの修正というあり方である。

> 国家がそれぞれの人倫的組織の体系的自覚として高次の人倫的組織であるやうに、国家の成員もまたそれぞれの成員性を持たなくてはならぬ。ここでは右の如き一切の自由（国家が保証する居住・通信・信教・言論などの自由）をさへも自ら放擲して究極的な人間の全体性に没入するところの究極的な去私が要求せられるのである。(8)

国家とは和辻において絶対的全体性の自己実現としてある人倫の道の最高の実現形態である。だからこそ国家はその成員に、その全体性への自己放棄的な没入を求めることができると和辻はいうのである。国家のために国民に死ぬことを求め、国民もまた国家のために死ぬことができるのは、国家が最高の人倫態であるからである。「究極的な人間の全体性に没入するところの究極的な去私」とは、まぎれもなくそのことをいうのである。「究極的な」という修飾語を二度までくり返すその言葉遣いは、究極的な自己犠牲を読者に説得し、みずからも納得しようとするものである。『倫理学』中巻・最終節「国家」の課題とは、われわれが死ぬことができる国家を倫理学の言語をもって提示することにある。昭和一七年の読者たち、あるいは講義室の学生たちも和辻『倫理学』の「国家」章が伝えようとするメッセージを、間違いなく聞き取ったはずである。国民が「究極的な去私」の精神をもって対しうる国家こそが本来的な、最高の人倫態としての国家であると。

ではこの本来的な国家における主権のあり方はいかなるものなのか。いかなる主権が国家の全体性を真に体現するものであるのか。国家の主権性は一般に君主権と民主権の相違として論じられる。しかしこの相違は歴史的な情勢が作り出すことだと和辻はいう。すなわち「国家と民族との分離、従つて国家の全体性と神聖性との分裂」をもたらすような歴史的な情勢が作り出すことだというのである。ということは和辻は国家と民族とが分離していない国家のあり方に、あるいは国家の全体性と神聖性とが分裂していない国家のあり方に原初的であるとともに本来的な国家主権のあり方を見ていることを意味するだろう。国家の全体性と神聖性とがその主権者において統合されている国家こそ最高の人倫態としての本来的な国家だと和辻はするのである。彼はそれを国家主権の原初的な成立に見ている。

> 民族の全体性が聖なるものとして把捉され、その神聖性が一人の統率者によつて擔はれてゐる場合に、この民族の組織が国家として自覚されるならば、そこには神聖にして威力ある一人の主権者が出現するのは当然である。

この和辻の言葉はたしかに民族が国家的自覚をもって形成した原初における国家の主権性をいうも

のである。しかしこの原初の国家主権のあり方は、まだ分裂を知らない本来的な統合をもったあり方をもいうのである。国家の全体性と民族の全体性とが、神聖な一人の統率者において統合されている、これは国家と民族、国家の全体性と神聖性とが分裂していない原初の国家主権のあり方であるとともに、本来的な国家主権のあり方を示すものでもある。この本来的な国家とは、神聖な民族の統率者・天皇によってその全体性が擔われる最高の人倫的な国家・日本が意味されることを、読者は自ずから理解していたであろう。和辻は言葉の上に天皇制的国家を明示しているわけではない。しかし『倫理学』中巻の「国家」章が古代の天皇制的祭祀国家に歴史的由来をもつ近代の天皇制的君主国家日本の倫理学的な弁証であることは、読者もまた著者とともに了解していることであった。和辻がいう神聖性とは、生ける全体性としての民族とその祭祀に由来する概念である。すなわち民族的祭祀対象としての神、あるいはその民族的神の祭祀者であるとともにその民族の政治的統率者でもある王・君主に由来する概念である。国家の主権者が同時に民族的全体性の神聖な代表者であることが歴史における国家主権の最初の、そして通例のあり方でもあると和辻はいうのである。この和辻のとらえ方は、諸民族における王権の成立や共同体的祭祀をめぐる民族学・人類学的知識にもとづいている[9]。和辻はこの知識をもって同時に古代日本の天皇制的祭祀国家の概念的な再構成の作業をもするのである。和辻の『倫理学』中巻の執筆時期は、彼の関心と著述活動とが日本倫理思想史的問題へと大きく移行していった時期に重なっている。和辻自身もその編集に当たった岩波講座『倫理学』（昭和一五・五―一六・一二）に、後の『日本倫理思想史』を構成する「人倫的国家の理想とその伝統」などの論文を彼は発表しているのである。[10]また『尊皇思想とその伝統』も「日本倫理思想史」第一巻として昭和一八年に刊行されている。いまその第二章「上代に於ける神の意義」から、神的国家日本の民族的全体性をめぐる一文を引いておこう。

民族が一つの生ける全体者であるのは、絶対的全体性に基くからである。然らば皇祖神及び現御神が民族的全体性を表現せられることは、同時に、民族的全体性を媒介として絶対的全体性を表現せられることに他ならない。ここに我々は最も究極的な全体性の表現を見るのである。[11]

和辻は国家的全体性が民族的全体性の神聖な体現者によって擔われる君主権こそ、国家主権の本来的なあり方であり、歴史における通例だとするのである。それでは歴史における例外的な国家主権のあり方とは何か。それは国家と民族とが分離し、国家の全体性を擔うものが生ける全体性としての民族の神聖性を体現するものではないような国家あるいは民族における場合である。和辻はこの例外的な国家のあり方を、一つはユダヤ民族とローマ帝国の事例において、もう一つは民主権あるいは「人民」主権の形をとる現代国家の事例をあげていうのである。ユダヤ民族の場合とは、民族が己れを国家にまで形成しえず、他の民族に征服せられ、他の民族の国家内に分散して存在する場合である。またローマ帝国とは多数民族を包括的に支配する国家である。その場合、国家の全体性と民族の全体性とは一致しない。国家の権力は神聖性とのつながりをもたない支配権力となる。この神聖性の空白に入り込んだのがユダヤ民族の神であると和辻はいう。「この神は当時の世界帝国の中で他民族の神を押しのけつつ超民族的な神に成長し、遂にローマ帝国の版図を独占するに至つた」。ローマ帝国と普遍宗教としてのキリスト教の成立をめぐって和辻のいうところは、それ自体として興味ある問題である。だが和辻の問題関心は民主権という「人民」主権の成立にある。

国家権力が神聖性とのつながりをもたずに統治する場合、「統率」は失われて「支配」がそれに代わると和辻はいう。国家権力はみずからの中に神聖な統合的な権威をもたずに、ただの支配権力になるのである。その国家権力が君主の手にあるならば、その主権者・君主はただ「権力ある者」であって権威ある者ではない。「かかる支配体制が固定してくれば、ただに異民族のみならず己が民族もまた「支配」せられるやうになる。君主はもはや国家の全体性を表現する者ではなくして一箇の「私」となり、国家の権力はこの私によって専用される。ここに民衆が立つて国家の権力を君主の手より奪い取る所以が存するのである」と和辻は、「人民」主権国家の成立にいたる歴史的事情を語っていく。しかしこの「人民」は、「私」的支配権力に堕した君主に代わって真に全体性を代表する「公」的主権者になりうるのか。和辻はひっきょうこの「人民」とは「多数の私」でしかないというのである。民主権という国家主権の否定性をいう和辻の文章の全文を以下に引いておこう。これは戦後修正版ではこの文章を含む全文脈において改訂され、まったく異質なものになっている。

かくして「人民」が主権者であるとせられる国家が成り立つてくる。しかし人民の内の何人も国家の全体性を表現し得る如き資格を有せず、従つて主権を持ち得る者はない。そこで再び「人民全体」なるものがその主権者として考へ出される。しかしこれは、民族の生ける全体性を聖なるものとして感得した切実な体験とは異なり、人為的に「考へ出される」のであるから、最も考へられ易い全体として数量的な総計になつてしまふ。従つて全体の意志は投票できめられる。然るにその投票は単なる私の意志をも示し得るのでもあるから、ここでは君主の私の代りに多数の私の総計が権力を持つことになる。いづれも本来の主権性を示すものではない。主権性は徹頭徹尾「公」であつて、いかに多数者のそれであらうとも私の混入を許さない筈のものである。

これは明らかに歴史的には市民革命を経て、理論的には社会契約論をもって構成されていく人民的主権の概念、すなわち民主権の立場をまったく否定したものである。だれが読んでもこれが投票による人民主権的国家を代表するアメリカを指していわれていることは明かである。昭和一七年という大東亜戦争下の時期に論じられる「君主権と民主権との相違」をめぐる問題とは、一方に神聖な君主権国家・日本が本来的な国家としてあり、他方に打算的な私の集合体である民主権国家・アメリカが否定的な国家としてあるという議論であるのは免れない事実ではないか。だから和辻は神聖な本来的国家・日本には、そもそも君主権か民主権かといった主権性の相違をめぐる問題などは生じはしないといっているのである。

以上の如く見れば、君主権と民主権との相違の問題は、主権性を捨て去り単なる支配体制に落ち込んでゐる国家に於て生起するのであつて、民族の生ける全体性により絶対的全体性へのつながりを保持せる本来の国家にあつては、曾て起りはしなかつたし、また起る筈もないのである。

4 「国家」章の基本文脈

『倫理学』中巻の戦後修正版は「国家」章を構成する基本文脈というべきものを改訂した。その基本文脈の改訂からなる著作とは、まったく別個の著作とみなさるべきものである。だが和辻はそれをただ「修正」といい、後継者はもとより、学界も、読者もそれを追認し、一九四五年をもって終えねばならぬはずの和辻『倫理学』の命を永らえさせ、その下巻の刊行による完結をも可能にした。彼が修正と称して改訂、否、むしろ抹消してしまった「国家」章の基本文脈とは最高の人倫的組織としての国家とその使命を、否定的な、人倫の欠如態としての国家を反措定としてもちながら記述していくという文脈である。この否定的な人倫的欠如態としての国家は「打算国家」といわれ、「会社国家」といわれ、「私」の性格を脱することのできない国家といわれる。それは端的にはイギリスとアメリカとが意味される。それは推定ではない。イギリスとアメリカとは和辻がはっきりと名指した否定的国家である。だから和辻の「国家」章の基本文脈とは、アングロ・サクソン的近代の超克のための「大東亜戦争」を倫理学的に弁証する文脈であるのだ。このことは私がテキストの背後からあえて読み出した隠された文脈ではない。「国家」章のテキスト上に顕わな文脈である。昭和一七年版のテキストからこの顕わな文脈を示す文章を引いてみよう。

近代ヨーロッパの国家は「会社国家」であること

経済的組織としての打算社会が近代の世界経済を支配してゐたやうに、打算社会と把捉された国家は近代の世界の歴史的主役であつた。……打算社会と見られた国家は個人の幸福快楽を究極目的とするものであるが、近代ヨーロッパに於ける個人の幸福は海外貿易や植民地略取に負ふところが極めて多い。南北両アメリカに於ける驚くべく多量な原住民殺戮、生活に適せる土地を選んでの占領略取、またアメリカに於ける実に思ひ切つた奴隷製造、更に東方に於ける印度や南洋への侵略――これらの事業を通じて生活を破壊された人々の数は、その上に幸福な生を営んだヨーロッパ人の数よりも遙かに多いのである。……かくして近代ヨーロッパの国家は、個人の幸福への投資として武装に力を入れる会社と同視せられるに至つた。……右の如き「会社国家」のうち最も成功したものは英国であると考へられるが、云々。

アメリカ式生活様式による平和主義的世界の征服

特にこの二十年来喧伝された平和主義は、実は Pax Americana の宣伝にほかならなかつた。そこでは平和主義とは、アメリカの経済力への他民族の征服、それに基いてのアメリカ式生活様式即ち文化的には空疎でありながらただ便利安易快適といふ点に於て優れた奢侈生活の擁護を意味した。かかる平和に我々は高い人倫的意義を認めることが出来ない。況んやかかる平和のために多くの民族の国家形成が阻止されているとすれば、我々はむしろかかる平和を呪詛すべきであらう。

人倫的国家の世界史的指導性

人倫の道を最もよく実現した国家が人間存在の理法に最もよく適つた国家であり、従つて絶対的全体性の神聖な威力を最もよく具現した国家として、世界史の先頭に立ち諸々の国家を指導するの権威を保持し得るのである。過去数千年の世界史に於て人倫的活力を失つた指導的国家がその地位を保持し得たこともない。

戦争をなし得るか否かが国家であるか否かの試金石であるとも云はれる。国家が勝義の人倫的組織であり、さうしてそれが外からの脅威を受けてゐるとすれば、それを防ぐために生命や財産を犠牲にすべきであるのは当然のことである。

国家は己れの人倫の道を踏み行くためにこの戦争を避けてはならない。さうしてこの戦争のためにはあらゆる力が動員されてよいのである。

昭和一七年版の「国家」章の基本文脈を示すテキスト上に顕在するこれらの言葉は「修正」を騙り

ながら、すべて抹消された。これらは間違っていたのか。基本文脈を明示する文章の抹消とは、基本文脈が間違っていたということではないのか。しかしこの基本文脈とは彼の倫理学の根本原理から真っ直ぐ来るものではなかったのか。彼は「人倫の根本原理」をこういっていたではないか。

否定の否定は絶対的全体性の自己還帰的な実現運動であり、さうしてそれがまさに人倫なのである。だから人倫の根本原理は、個人（即ち全体性の否定）を通じて更にその全体性が実現せられること（即ち否定の否定）に他ならない。それが畢竟本来的な絶対的全体性の自己実現の運動なのである。[12]

あの「国家」章の基本文脈は、否定の否定としての絶対的全体性の自己実現の運動という「人倫の根本原理」から真っ直ぐに来るものではないか。とすればこの「国家」章の基本文脈を抹消することは、彼の倫理学の根本原理をも抹消することではないか。日本の敗戦が和辻に突きつけたのは、「修正」によって免れうるような問題ではない。

和辻は日本の敗戦をもって彼の『倫理学』を中絶すべきであった。それが人間の道という意味でもっとも倫理的な態度のとり方であったはずである。だが彼は「修正」をして己れの『倫理学』を戦後に永らえさせた。このあえて命を永らえされた『倫理学』をわれわれはいま読む必要など本来ない。それはせいぜい延命行為がいかになされたかを知るためだけである。われわれが読むべきなのは一九四五年八月一五日をもって中絶されねばならなかった『倫理学』上・中巻である。それはアジア・太平洋戦争を遂行した昭和日本の負の記念碑としてである。和辻は「人間の学」としての『倫理学』の著述をもって、アングロ・サクソン的国家と抗争する昭和日本とその世界史的使命を共にしたのである。私が読んできたのはそのような和辻『倫理学』である。

14

国破れて山河はあるか

和辻国家論の戦後

国土もまた国家と荒廃を共にする。国破るれば国土もまた破れるのである。

和辻哲郎「人間存在の風土性」『倫理学』下巻

1　国破れて山河はあるか

「国破れて山河あり」という杜甫の詩「春望」の一節は、敗戦国日本の国土にあって日本人が深い実感とともにくり返し口にしたものであった。戦争に破れたが、残された山河は美しかった。だがその詩句を、自然もまた変形してしまった沖縄や広島の人びとが口にすることはなかっただろう。「山河あり」の感慨は、残された故郷の山河を見出しえたものの特権に属するものかもしれない。私は多摩川のやや上流で敗戦を迎えた。戦時から戦後にかけて少年の私はかつての清流の姿をとりもどした多摩川を見ていた。鮎や鮠《はや》が流れの中に踊っていた。だが多摩川がその清流を失うのに大した時間を必要としなかった。敗戦から四、五年経ったころにはすでに多摩川は子供たちの泳げる川ではなかった。逝く川の流れは絶えずとも、川とその環境は変貌を続けている。今では外来種とみられる花が突然河原一面を黄色に覆ってしまうことがある。それは気候の変動によるのか。境界の喪失は経済だけではない、河原の植物にまで及んでいるということなのか。むしろ「国興りて山河なし」ではないか。毎日多摩川を見ていると、そんな駄洒落をいいたい気になってくる。

和辻もまた「国破れて山河あり」の詩句を引いて書いている。それは『倫理学』下巻[1]の「人間存在の風土性」の章においてである。「国破れて山河ありといはれてゐるが、そのやうに亡びないで残つてゐる山河は、人間存在から引き離された自然対象を意味するか、或はもし国土を意味するならば、国の興亡に頓着なく土地を耕作してゐる人民大衆の存在を示唆してゐるのであらう」。杜甫が国が亡んでもなお春は訪れ、緑をもって蔽う山河ありと詠ったのは、恐らく和辻の解するどちらの意味においてでもない。廃墟と化した城とともに草木の緑はいっそう深いのであって、人間存在から離れたただの山河が見出されているわけではないし、国の興亡と無縁な人民の耕す田野を詩人が見ているわけでもない。詩の解釈はともかくとして、杜甫の詩の一節を引いて書かれたこの和辻の文章は、まぎれもなく敗戦日本という時代の刻印を負っている。和辻は今杜甫の詩を借りて国破れて国土はあるのかを問うているのである。和辻に代わって前もってその問いに答えておこう。国が破れたら国土も破れるのである。だから詩人が詠う「国破れて山河あり」とは、国土にあらざるただの自然対象としての山河はあると詩人はいったのかもしれぬと和辻は解釈するのである。あるいは国破れても、国家の存亡と無縁な人民が田野を耕し、世話するのを見て詩人は山河ありといったのかもしれぬとも和辻はいうのである。いずれにしろ国が破れたなら、国土もまた亡びると和辻はいうのだ。「もし亡国によって土地への人間の営為が妨げられるやうになれば、国土はたしかに亡びる」のであり、そのことの徴証をわれわれは歴史の上にいくつも見出すことができると和辻はいう。「著しい例をあげれば、チグリス・エウフラテスの沿岸、グァダルキビルの河谷、イタリアのマラリヤ熱海岸など」である。そうして和辻はこう結論する。「これらの例が示してゐるやうに、国土もまた国家と興廃を共にする。国、破るれば国土もまた破れるのである」[2]と。

これは恐ろしい、あってはならない事態の予測である。だがこの国が破れたことはどうしようもない事実である。この事実から不可避に国土の滅亡も導かれることなのか。しかし国土が亡びるとは何なのか。逆に国土が保持されるとはいかなることなのか。和辻倫理学、あるいは和辻風土論における敗戦とは、『倫理学』下巻によって和辻がこうした問いに答えることを意味するのである。戦争によるわが国体の主張が、敗戦によって国体の護持へと変じたように、和辻におけるわが国土の主張は、敗戦によってわが国土の保持へと変じたのである。では国土とは何か。

2　国土とは何か

「国破れて山河あり」をめぐって私は和辻の『倫理学』下巻・第四章・第二節「人間存在の風土性」によって書いてきた。そこから和辻の国土観を代表的に示す文章をまず引いておこう。

> 数へ切れぬ世代の人々が、この国土によつて養はれ、この国土の開発と組織とのために働らき、さうしてこの国土の土のなかへ帰つて行つた。だからそこには祖先の墓があり、祖先以来耕やし続けて来た田畑があり、祖先以来漸次発達して来た灌漑組織がある。それは文字通りに「父祖の国」「祖国」である。人々はそこに深い連帯感を抱かざるを得ない。

国土とは何かとは、それを定義する言葉よりも、この一種の感慨の吐露ともみなされる言葉によっていい尽くされているように思われる。ここで「祖国」がいわれているように、国土とは祖先伝来の土地に結びついた国家の表象である。「この国土の開発と組織とのために働らき、さうしてこの国土の土のなかへ帰つて行つた」という文章は、和辻が異境で従軍し、命を落とした数多くの兵士たちの魂の行方を思い入れながら書いたものであるのだろうか。私のそうした思い入れ的な読みを誘うような文章である。これは敗戦を間近にした時期に柳田国男が「日本人の死後の観念、即ち霊は永久にこの国土のうちに留まつて、さう遠方へは行つてしまはないといふ信仰が、恐らくは世の始めから、少なくとも今日まで、可なり根強く持ち続けられて居る」という信念とともに書いた『先祖の話』(3)を私に思い起こさせるのである。異境における数知れぬ兵士たちの死が柳田における「先祖の話」を導いたとするならば、和辻の生まれ、養われ、そして帰るべき祖国の土という「国土の話」も国破れた敗戦という事態があらためて彼に語らせたものかもしれない。

和辻は敗戦から四年を経た昭和二四年(一九四九)に『倫理学』の下巻を刊行した。その「序言」に和辻はこう書いている。「この書は人間存在の歴史的風土的構造を明らかにし、国民的存在の世界史における意義と、その当為とを考察したものである。この課題は上巻の序論に第四の問題として掲げたものであつて、著者は、昭和一七年の春中巻を脱稿してから、ひき続きこの問題を展開しようと試みてゐた。しかし事情はそれに幸しなかつた」と。和辻はここで「事情」としかいっていないことは、敗戦にいたる状況の悪化が著者の内外に生じせしめた事情だろう。彼は下巻の執筆に迷った。

途中で原稿を廃棄せざるをえなくなったのは二度、三度にも及んだという。なお利用できるものを残しながら、「大体において終戦の翌年に起稿し、今回漸く曲がりなりにも脱稿した」と和辻はそこでいっている。「今回」というのは昭和二四年二月のことである。この「序言」がいっているように『倫理学』下巻の構想はすでに早くできていた。『倫理学』上巻（昭和一二年刊）の「序論」が彼の倫理学の「第四の問題」として掲げているものがそれである。和辻において人間とは時間的・空間的な構造をもって人倫的組織を成していく存在であった。したがって一つの人倫的組織が存在するとき、それはすでに歴史性と風土性とをはっきり刻印されて在ると和辻はいう。ところで国家とは最高の人倫的組織であった。だからある一つの国家の現前とは、固有の歴史性と独自の風土性とを備えた一つの特殊的国家が今ここに存在するということである。和辻『倫理学』における「第四の問題」とはこういう問題である。上巻の「序論」はこの「第四の問題」を敷衍してこういっている。

世界史の意義は人間の道が風土的・歴史的なるさまざまの類型に於て実現せられるところに存する。普遍が特殊に於てのみ普遍であり得る如く、人間存在も亦その特殊的存在を通じてのみ普遍的人間存在たり得る。かくしてそれぞれの歴史的国民が、その特殊性に於て全体性の形成に努めるところにのみ、真実の意味に於ける inter-national の間柄も亦可能になる。national であることを飛び超えて inter-national たらむとするが如きは抽象的妄想以外の何物でもない。

『倫理学』下巻・第四章「人間存在の歴史的風土的構造」の構想は上巻の執筆時にはもうできていたのである。これを詳述すればよいはずであった。だが中巻完成後の「事情」は幸いしなかった。著者の下巻執筆は難航した。その「事情」が「第四の問題」の構想通りの展開を妨げたのである。恐らく本稿で私が正面せねばならない問題はこの執筆難航という事態のうちにあるだろう。だがその事態に分け入る前に答えておかねばならないことがある。それは「国土」とは何であるかである。和辻がいう国土とはただ国家の領土を意味する政治地理的概念ではない。国土は和辻において風土論的に再構成される。風土とは自然環境における人間が自己了解する仕方だと和辻は『風土』[4]でいっている。その土地における人びとの自己了解はその住まい方に表現される。だから国土とはその領土に生活する人びとの住まい方と不可分な概念である。その住まい方は家屋や衣服・食事の様式をもち、また祭祀の儀礼や歌舞をともなうとすれば、国土はその領土における国民特有の歴史性・社会性・文化性に結びついた概念となる。「歴史性と風土性との合一に於て云はば歴史は肉体を獲得する」と和辻は『風土』でいうが、国家は歴史と国土とを備えて地上における無二の国家となる。国家の成立とは、和辻において、固有の歴史性と独自の風土性（国土）とをもったただ一つの特殊国家として成立することである。私はいま和辻における風土論的な国土概念の成立を追ってきた。ただ和辻の『風土』は国土概念の成立の方向を示唆しても、まだそれを成立させてはいない[5]。和辻における倫理学的な「国土」概念の成立とその主題化は『倫理学』下巻第四章の課題である。したがって私が上にした「国土」の定義もすでに第四章に踏み込んでいる。

3 歴史と風土と国家

和辻は『風土』の最終章でヘルダーやヘーゲルなどによりながら「風土」概念をめぐる方法論的な考察をしている。彼はそこで「国民の個性」を尊重するヘルダーの風土哲学を高く評価している。ヘルダーの説を和辻はこうまとめている。「国民は、その歴史的な業績に於てよりも、特殊な唯一的な仕方で実現した特殊な生の価値に於て、即ち国民性の実現としての生の価値に於て、世界史の対象とせられる」。概念性の欠如がいわれようとも、和辻は詩人哲学者ヘルダーの直観のとらえる世界秩序の表象に深く共感しているのである。それぞれの国民はその特殊的な生の達成において世界史的な意義をもち、価値的には等しいものとして並存するとヘルダーはいうのである。特殊的な生の達成においてその国民は世界史的な意義をもつというヘルダーの歴史哲学的なとらえ方は、『倫理学』下巻第四章「人間存在の歴史的風土的構造」を成立せしめるもっとも重要な視点であったであろう。ヘルダーのいう「特殊な生の価値」を歴史的風土的概念として再構成するならば、第四章は直ちに成立するはずであった。和辻が上巻の「序論」を書いたとき彼の構想のうちにあったのはそれであった。だから基本的に戦後の執筆からなる下巻をいま読むとき、われわれはそこに既存の構想から真っ直ぐ書かれたような文章やコンテキストを見出すことができる。

まず人間存在の歴史性について（第四章・第一節）。現前の人間存在の内に生きて、その現在を規定している豊富な過去的内容を一定の統一の下に把捉したものが歴史だと和辻はいう。では何がこの統一をもたらすのか。「それは人倫的組織を貫く統一にほかならない。この統一を我々は人倫的組織の人倫的組織としての国家に於て見出した。従つて人間存在の歴史性は国家に於てあらはになつてくるのである」[6]。最高の人倫的組織である国家が歴史を成立させるのである。これが人倫の学としての和辻倫理学が導く歴史の定義である。その定義を彼の言葉によってもう一度記しておこう。

歴史とは、国家を形成せる統一的な人間共同体が、超国家的場面において自己の統一を自覚するとともに、この統一的な共同存在の独特な個性を規定してゐる過去的内容のうちの主要なるものを、共同の知識として何人も参与し得る客観的公共的な形に表現したものである[7]。

この定義がその表現する言葉とともにすべてが真っ直ぐに既存の構想からもたらされたと私はいうわけではない。そこには戦後的な修辞が当然加えられている。だが歴史を国家的共同存在（民族）の個性的な生の統一的な記述とし、国家とその歴史が個性的に存立することにおいて貴重とする和辻のとらえ方はあの既存の構想から真っ直ぐにくるものであったであろう。そして歴史的事象の一回的な、個性的な生起においてその意義を把握する歴史認識論をもふまえて和辻は、「歴史は、特定の、唯一回的な形態をもつて現はれるところに成立する」と歴史を再定義するのである。もしこうした和辻の歴史の定義があの既存の構想から真っ直ぐにくるものであるとするならば、そしてあの構想の背後にその個性的な存立を世界に向けて自己主張する現代アジアの指導国家日本があることを考えるならば、この歴史の定義はそのアジアの指導国家日本の挫折という事態においていかなる意味をもつことになるのか。

つぎに人間存在の風土性について（第四章・第二節）。たとえば村里とは村落共同体における村人たちの生活がさまざまに織りなす織物の全体だということができる。村道も田畑も、神社もその杜も、家もその庭も、織り合わされて村里という一つの織物をなしている。村里を村人の織物と見ることを和辻は地縁的共同存在の表現というのである。「通例は自然環境といふ概念によつていひ現はしてゐるが、実はそれぞれの主体的共同存在の表現にほかならない」と。しかし村里という織物の表現は一様ではない。山一つ、川一つ距てれば村里に見る表現は異なっている。さらに遠隔の、多くの村々を含む、また多様な方言的な差異をもった広い場面を想定すれば、そこでの多様な村落的な生のそれぞれが織りなす表現としての織物はきわまりなく複雑多様なものとなるであらう。ここからこの多様を統一すべき視点が要請されてくる。民族的共同存在の過去的・時間的な生の多様が国家という視点から歴史に統一されたように、民族的共同存在の場所的・空間的な生の多様は国家という視点によって風土に統一されるのである。

従つて、人々はこの多様性を統御すべき統一的な視点を持たないときには、この人間存在の具体的場面についての自覚に達することができないのである。しかるに人々は人倫的組織を貫く統一の自覚において、即ち国家の自覚において、この統一的視点を獲得する。それとともに前述の如き人間存在の具体的場面は、「風土」としておのれを現はしてくるのである。

東の村里・西の村里、あるいは南の村里・北の村里といった多様な村里は、日本という国家の視点によって「日本の村里」という固有な特性をもった統一をえるというのである。和辻はそれをさまざまな村里が「日本の村里」という「風土」としておのれを現わすことだというのである。場所的生の多様な自己表現は、国家の視点によって統一され、その国の風土という統一的な自己表現となるというのである。国家という場所に顕現する風土とは、まさしく国土である。国土について私はさきに和辻風土論との連関からのべたが、彼の『倫理学』下巻の叙述の順序にしたがえば、「国土」概念はここに成立するのである。すなわち人間存在の空間性は、国家においてはじめて風土性として顕現するというのである。その国土に住む人々のその国らしさとして風土性が顕わになるというのだ。だから国家的視点とともに顕現する風土性を端的に示すのが「国土」の概念だと和辻はいうのである。

国土の成立は一様に広がつてゐる土地の或る一部分に一定の固有な位置、固有な性格、固有な意義を与へるのである。それによつてこの土地は、他の土地と勝手に取りかへることのできぬもの、この位置、この形態において一定の人間存在と不可分の連関を有するもの、従つてこの人間存在に属せざる人間をそこから排除するもの、として公共的に承認される。このやうな土地の限定が人間のうちに醸し出す構造こそ、風土性の問題にほかならないのである。

『倫理学』上巻の「序論」における既存の構想は真っ直ぐに下巻における風土論的「国土」概念を成立させるということができる。国家はその固有の歴史と国土とをもってその独自的存立の意義を世界史に刻することができるのである。国家とは人間の実現する有限な全体性の最高・最大のものであった。和辻は「国家を人倫的組織の人倫的組織」といい、「最高の人倫態」ともいうのである。だからこの国家の存立によってはじめてその国らしさという特性を住民も町も村も、そして田畑や山河さえももつことになるのだと和辻はいうのである。国家の成立とは、和辻からすれば、固有の歴史を負い、独自の風土(国土)に生きることを自覚する住民、すなわち国民の成立である。下巻の第四章「人間存在の歴史的風土的構造」はこうした国家の成立を記述する。それは間違いなくあの既存の構想からくるものであるだろう。

4　和辻国民国家論の運命

和辻の『倫理学』下巻・第四章「人間存在の歴史的風土的構造」は、固有の個性的な価値をもった国家とその国民の成立を記述する。その記述は極言ともいうべき言葉に行き着く。

風土的に特殊に形成された人間存在のみが歴史を持ち、歴史的に特殊な伝統を擔ふ人間存在のみが風土を持つ、といつてよいのである。ここにおいてわれわれは、国家を形成するに至つた人間存在が、唯一回的、唯一所的といふ如き顕著な個性をもつて具体化されてゐることを、見出さざるを得ない。それをわれわれは国民的存在と名づけるのである。(8)

これは風土論的な、あるいは和辻倫理学的な国民国家論である。風土論的な国民国家論とはその国らしさという個性的価値の自覚と共有によって国民と国家の成立がいわれる国家論である。下巻の第四章を読むものは、この国民国家を熱っぽく説く和辻の文章に接して異様な感じをもつだろう。上に引いた「風土的に特殊に形成された人間存在のみが歴史を持ち、歴史的に特殊な伝統を擔ふ人間存在のみが風土を持つ」(傍点は子安)という特殊性にこだわった言葉自体が異様ではないか。もしこれが上巻の構想から真っ直ぐに来るものだとするならば、この特殊的国民国家論が一九三〇年から四〇年代にいたる昭和前期の世界史的文脈において積極的な意味をもつものであったからであろう。特殊的国民国家論はその時代の世界史的意義を内包していたのである。アングロ・サクソン的な文明的価値を普遍的なものとして世界秩序の再編を進める第一次世界戦以後の世界史的状況に対して、日本からの特殊的国民国家論の展開は世界史的意義をもっていたのである。〈特殊を通じて普遍へ〉とは、あの時期、三〇年から四〇年代にいたる昭和の一五年にわたる日本の戦争の時代における歴史哲学的な標語であった。それは和辻をも含む京都の西田系哲学者たちによって掲げられたものである。普遍的な原理は特殊を通じてのみ実現されるのであれば、世界史の普遍的な人類史的理念はそれぞれの国家の特殊性を通じてのみ実現される、と彼らはいうのである。その特殊性を通じてそれぞれの特殊的国家は普遍的世界史に貢献できるのである。これは〈近代の超克〉的意義をもった歴史哲学的なテーゼであった。〈近代〉とはヨーロッパ的国民国家が世界の国家形成の普遍的範型として強制された時代である。ヨーロッパ的国家の普遍性は、それがになう普遍的な文明的価値によっていっそう強められた。だから〈特殊を通じて普遍へ〉とは、アングロ・サクソン的秩序として国際秩序が再編されていったあの時代における特殊国家日本の抗争的な哲学的自己主張であった。和辻の『倫理学』もまたアングロ・サクソン的〈近代〉の超克の倫理学的な自己主張であった。だがその『倫理学』が特殊的国民国家論を成立させたとき、特殊的国家日本はアングロ・サクソン的普遍的文明国家に破れたのである。和辻の風土論的な特殊的国民国家論は特殊的国家日本が敗れたときに、その倫理学的な叙述を完成させるのである。そのときこの特殊的国民国家論はいかなる意味をもつのか。あるいはいかなる意味を和辻はこれに負わせようとするのか。

一九四五年、人びとが「国破れて山河あり」の詩句を痛恨の思いで口にする敗戦という事態に和辻は直面した。私は和辻の『倫理学』は昭和一七年の中巻の刊行をもって終わるべきものだといった。それは日本の敗戦という国家的挫折を越えて持続され、完結されるような性格をその学的な論理と構成からもっていないと私には思われた。しかし和辻は終戦直後に中巻を修正して版行し、四年を経て下巻を刊行したのである。かくて和辻の『倫理学』は完結したのである。昭和日本の国家的運命を学的に体現し、表現する和辻『倫理学』が、その日本の国家的挫折を越えて完成されたのである。これは考えられないことだ。

なぜなのか。どうしてそれは可能であったのか。そこには何が、どう修正されたかということを越えた問題がある。和辻は下巻の第四章「人間存在の歴史的風土的構造」を上巻「序論」の構想にしたがって書いている。風土論的な「国土」の概念は既存の構想から真っ直ぐにきたものである。だがこの「国土」概念が成立したとき、日本の国家と国土をめぐる世界史的状況は全く変わっていた。にもかかわらず和辻はその状況の中であえて「国土」概念を成立させたのである。なぜか。

和辻はこの国があってこの固有の価値をもつ国土があるという。この風土論的国土観からすれば、国破れればその山河を含む国土はない。しかしもしわれわれがわが風土としての国土を、すなわちわれわれ自身が織りなしたものとしてのこの特有の美質をもった国土を失わないかぎり、われわれの国が破れることはない。だからこの風土としての国土を失ったとき、国は本当に破れたことになるのだ。「もし亡国によって土地への人間の営為が妨げられるやうになれば、国土はたしかに亡びるのである」と和辻はいう。国土が亡びるとき、国は本当に亡びるのである。日本はたしかに戦争に敗れた。だが敗戦とは亡国ではない。日本というこの土地で人びとの織りなす営為が持続しているかぎり、すなわち日本がわが国土であるかぎり、国は亡びることはない。敗戦という事態のなかで成立する和辻の風土的国土論は、このようなメッセージを国民に向けて発するのである。

15　和辻『倫理学』はいかに完結したか

和辻倫理学の戦後

障子や襖による間仕切りは、それぞれの室の独立性を不可能にし、従つて家族員の個性を発達せしめない。それは家族員の間の距てのない情愛を育てるかも知れないが、その代りに社会人として不適当な性格、特に背骨のない、付和雷同的群集人的性格をも育て上げる。

和辻哲郎「国民的当為の問題」『倫理学』下巻

1　下巻の準備は出来ていた

和辻が太平洋戦争の戦前から戦中へと書き進めてきた己れの『倫理学』を、敗戦という事態において完結させせることになるとは予想もしなかったであろう。敗戦は和辻の予想する事態ではなかったといったが、昭和一八年にはすでに明らかになる戦局の暗転から、判断力をもつかなりの日本人が戦争の行方に不吉な予感をもっていたことをわれわれは知っている。だから昭和一七年六月に中巻を完成させた和辻も間もなく戦争の行方に悪い予感をもったはずである。戦局の転機をなしたミッドウェイ海戦はその年の六月である。彼が終戦に先立って歴史的反省のための研究会を立ち上げていたことからすれば、彼は戦争の後期には敗戦を予想していたとみて間違いはない。とすれば和辻が敗戦といった事態を予想しなかったのは、中巻完成時までのことになる。その時期までの和辻は敗戦を予想さえしなかったし、この戦争が日本の敗北に導くような無謀なものだと考えさえしなかっただろう。『人間の学としての倫理学』（昭和九）を経て『倫理学』上巻（昭和一二）を書き、そして『倫理学』中巻（昭和一七）を書き終えた和辻、すなわち敗戦という事態を予想だにしなかった和辻は直ぐにでも下巻を書き上げることが出来たはずである。その準備は早くから出来ていたのである。

和辻がまだ京大にいた昭和七年（一九三二）に彼は「国民道徳論」[1]という論文を書いている。昭和六年の和辻の論文「倫理学――人間の学としての倫理学の意義と方法」が彼の『倫理学』上巻の伏せられた始まりをなすものであったように、論文「国民道徳論」は『倫理学』下巻のやはり伏せられた始まりをなすものだとみなされる。[2]この「国民道徳論」を書いた昭和七年に、その一三年後に日本国民が敗戦という国家的挫折に直面することになるとはもちろん和辻は予想もしなかった。この日本帝国の挫折という事態に直面しないかぎり、『倫理学』下巻は即座に成立するはずであった。準備はすでに出来ていたのである。下巻を構成する『倫理学』第四章「人間存在の歴史的風土的構造」の構想は、中巻の構想よりも早く和辻にはあったのだ。和辻の著書『風土』（昭和一〇）を構成する諸論文はすでに『思想』誌上に発表されていた。[3]「国民道徳論」もすでにあった。だから昭和一七年の中巻完成時に和辻は苦もなく下巻を上梓しうると考えていたはずである。もし昭和一七年六月のミッドウェイ海戦を境とした戦局の暗転がなければ、和辻『倫理学』はわが日本的人倫態すなわち人倫的国家日本の世界史的勝利を告げる形で完結したであろう。それこそが正真正銘の和辻『倫理学』の完成といいうるものである。だが歴史は和辻『倫理学』をそのようには完成させなかった。彼の『倫理学』は予想とは全く違う完結を余儀なくされたのである。

だがわが人倫的国家の勝利を告げるはずの和辻『倫理学』が、敗戦という国家的挫折の事態に直面しながらいかにして完結しえたのか。わが国家国民とともにあった和辻『倫理学』が、わが国家国民の挫折にもかかわらず完結しえたとすれば、それはもうスキャンダルではないのか。

2 論文「国民道徳論」

アングロ・サクソン的近代文明世界への批判意識を強くもつ和辻は、戦争という決定的な対決を予想せずとも、日本がアングロ・サクソン的世界との対決という国際的図式の中にいることを十分に承知していたし、この対決図式における日本の進展に思想的にもコミットしていたのである。この思想的なコミットは京都学派と呼ばれる西田派の哲学者たちに共通するものであった(4)。しかし高坂正顕や高山岩男といった跳ね上がり哲学者たちが昭和一六年に「世界史的立場の日本」を高唱するまで、アングロ・サクソン的近代への批判的な思想態度を明確にしていたのは和辻であった。昭和七年の論文「国民道徳論」の末尾で和辻は明治一〇年代に始まる日本の欧化主義的変革の「猛烈さは近年のロシアの変革以上」であったといい、そして「この時に日本は近代ヨーロッパの資本主義の精神を取り入れたのである。云い換へれば国民運動たる明治維新に引き続いて、直ちにヨーロッパ風なるブルジョワ革命が迅速に行はれたのである」という。これが和辻の文明化した日本の現代認識である。この認識に立って彼はこういうのである。

かくして現代を支配する道徳思想は資本主義的である。それは前にあげた我国古来の道徳思想のいづれとも合致しない。従つて我国の伝統に反するものである。我々は我国の道徳を歴史的に考察するに当つては、我々自身の立てる現代のこの特殊性を明白に認識して置かなくてはならぬ。そこで我々は明治以後の時代を現代として、それを考察の地盤としなければならぬであらう。そこから前にあげたそれぞれの時代を逆に遡つて行けば、それによつて我々の国民の光輝ある伝統がいかになほ現代にも生きてゐるかが明らかにし得られると思ふ。

ここには既存の国民道徳的議論を革新する「国民道徳論」を和辻に書かしめた動機がのべられている。それは「現代を支配する道徳思想は資本主義的である」という現状認識である。和辻の「国民道徳論」とはだから二重に抗争する言説なのである。一つには打算社会的現状が由来する資本主義的近代文明世界と和辻は抗争する。二つにはこの現状認識に立つことのない既存の国民道徳論的言説と彼は抗争するのである。この後者の「既存の国民道徳論的言説」を「既存の倫理学的言説」に置き換えれば、この二重の抗争図式はそのまま彼の『倫理学』のものでもあることになる。とすればわれわれがいま昭和七年の論文「国民道徳論」を顧みるのは、昭和二〇年の敗戦とともに失われたあるべき「国民道徳論」の姿を垣間見るためでもある。もし私に『続・明暗』によって漱石の『明暗』を完結させた水村美苗の才能と筆力とがあるならば、『続・倫理学』を書くことによって和辻の『倫理学』を私の手で完結させることもできただろう。『続・明暗』が『明暗』のパロディーであるように、『続・倫理学』は『倫理学』のパロディーとなっただろう。残念ながら私にはそれを書きうる才能も、和辻へのそれほどの思い入れもない。

和辻の論文「国民道徳論」は岩波講座『教育科学』の第七冊に収録されている。しかしこの論文がなぜ『教育科学』[5]に発表されたのか。和辻の論文の発表舞台として『教育科学』とは異様である。いまその講座・第七冊の和辻以外の執筆者とそのタイトルを挙げてみると、石川謙「徳川時代の教育」、田邊寿利「生物学的社会学」、土屋喬雄「日本社会史」、三木寿雄「生産学校」など、そして最後に和辻哲郎「国民道徳論」とある。これらのタイトルと執筆者とによって、これが教育学関係の講座の目次だと直ちに判断するのは難しい。しかしそれだけこの講座編集に携わったものの意欲があったというべきかもしれない。恐らくこの編集は既存の教育学の革新を意図したものであろう。だから和辻に期待されたのも既存の国民道徳論の革新であった。彼は明らかにこの期待に応えようとしている。和辻の論文「国民道徳論」は既存の国民道徳論に挑戦する。論文「倫理学——人間の学としての倫理学の意義と方法」が既存の倫理学への挑戦であったように、論文「国民道徳論」も井上哲次郎らの国民道徳論への挑戦であった。

> 国民道徳の概念は今やほぼ三つの意義に於て確定しようとしてゐる。一は日本国民に特有なる道徳、二は日本のみならずそれぞれの国民に特有なる道徳、三は一般に国民としての道徳の意である。一と二は歴史的事実としての国民道徳であり、三は当為としての国民道徳を意味する。[6]

和辻は論文「国民道徳論」の冒頭でこういっている。これは「国民道徳」の概念整理のようである。

たしかに昭和初期の和辻が眼前にしている、いや和辻にとってはもっと切実に彼がそれを教壇で継承反復すべきか否かを迫られている国民道徳論とは概念的に混乱した、しかし政治的要請に応えた道徳教科的論説であった。日露戦争後の日本の国家的・社会的な危機の中から保守的な教育的対応として国民道徳論が道徳教科として創設された経過については、私は本書ですでにのべた。(7) 二〇世紀初頭の近代日本が直面する国家的・社会的危機から生まれた国民道徳論は、一九世紀初頭の国家的危機に対応した水戸学の政治神学（国体論・忠孝一致論）をイデオロギー的な軸にし、家族国家論を国民統合の論理として再構成された道徳教科の論説であった。そして国民道徳論という教科は倫理学という教科の補助教科として併設されたのである。和辻はこの既存の国民道徳論に、その概念の曖昧さを衝く形で挑戦する。

3 和辻の挑戦

和辻がこだわり続けた国民道徳論的問題がある。それは忠孝論である。国民道徳としての忠孝論とは、封建道徳としての忠孝を天皇制国家の臣民の道徳として転移させたものである。和辻はこの安易な転移に激しく反撥する。

国民としての自覚の存せない時代の道徳は、或はその自覚がすでに存するにも拘はらずそれと触

> るることのない社会に於て形成せられた道徳は、我国民の道徳であつたと云ひ得るとしても、国民としての人間の存在を中心とする道徳ではない。主人の私怨を晴らすために非合法的直接行動を敢えてしたものが義士と呼ばれる時代の「忠君」は、ただ個人的なる君臣関係に規定せられた道徳であつて、国民としての道徳ではない。「孝行」と雖もさうである。[8]

和辻は「忠君」とは「わが国民の道徳」であっても「国民としての道徳」ではないという。「忠君」とはわが国民道徳史における歴史的事実としての道徳であって、国民的当為としての道徳ではないと彼はいうのだ。和辻のこの概念的な区別による批判は何に向けられたものなのか。それは国民的自覚の要請に水戸学的な保守的イデオロギーが呼び出され、その保守的本質についての反省もなく、国民道徳論を構成していったそのあり方に対してである。井上哲次郎によって国民道徳論が唱導され、教育過程に組み入れられていったのは日露戦争の戦後という時期であったことはすでにいった。その時期、日本人が「国民」としての存在を反省し始めたのだと和辻はいう。「日露戦争後の国民的自覚の運動は、「国民」としての自覚の乏しい日本人が、初めて明かな意識を以て「国民」としての存在を反省し始めたことを意味する」。ところがこの国民的自覚という新しい課題は、「保守運動と結びつくことによつてその生命を失つた」と和辻はいうのである。これは国民道徳論が犯した第一の誤謬だと和辻はする。では国民道徳論が犯した第二の誤謬とは何か。

更にその保守運動は、ブルジョワ精神に対する反抗をそれとして把捉し得ず、また維新の尊皇心を時代と共に新しく活気づけることをもなし得ず、ただ単に保守運動としてのみ現はれたが故に、ブルジョワ精神の発展を全然阻止し得なかつたのみならず、そのブルジョワ精神をばそれと本質的に異る尊皇心と結合させるといふ如き反対の結果を産み出した。この二つの誤謬が今や国民道徳論のうちに巣喰つてゐるのである。

第二の誤謬は新たな「国民」概念を要請する現代世界の認識にかかわるものである。現代社会の資本主義化とブルジョワ精神の発展を批判的に認識しないところから、国民道徳論は「ブルジョワ精神をばそれと本質的に異る尊皇心と結合させるといふ如き反対の結果を産み出した」と和辻はいうのである。この和辻の批判が向けられているのは何かを正確にいうことは出来ない。利益追求的個人をそのままに天皇制的国体で覆った資本主義国家日本を結果として産み出したといっているのだろうか。真に求められるのは利益追求的個人の結合体を超える国民的結合体である。国民的自覚とは国民的全体性の自覚なのだ。国民道徳論の根本的な誤謬は、だからその「国民」概念にあることになるのだ。既存の国民道徳論に欠落するのは全体性としての国民の概念である。すなわち近代の国民国家が前提にする国民《ネイション》の概念である。近代日本は nation の訳語としてのみ「国民」の語を構成しても、一つの統一体としての「国民」概念をもっていないと和辻はいうのである。

ここで和辻はあらためて nation としての「国民」概念を反省的に再構成するのである。「近世に於て早くより中央集権の完成した英仏両国に於ては、血統言語同じくする人間の集団としての nation は、しばしば「国家の成員の全体」即ち「国家の人民」の意味に解せられる。しかしこの場合にはあくまでも人民が全体的に、一つの統一体として、把捉せられてゐる」。国家的全体性における人民こそが「国民《ネイション》」である。ところが国民道徳論者は「国家の人民」として「国民」をいいながら、個々の成員をしか眼中に置いていない。「大衆を意味する「民」の語を用ゐながらも、それを全体的には把捉せずして、ただその被支配的性格に於てのみ把捉するのである。即ち国家といふ政治的統一体を一方に認めると共に、それに属する人間をただ個別的に於てのみ見ようとするのである」。ここまで読めば和辻の新たな国民道徳論への挑戦は明かだろう。

4　「国民」形成への倫理学的参与

和辻はいま日本という国家の実体をなす生ける全体性としての「国民」概念の必要をいうのである。既存の国民道徳論は国家に対して被支配的性格をもった臣民の道徳を説いても、この国の生ける全体をなす「国民」の道徳を説くことはないというのである。その「国民」とは、「ほぼ西洋語の nation と同じく、特殊な風土の内に特殊な種族として言語や性格や歴史的伝統を同じくする一つのまとまった民衆の全体を意味」すると和辻もいうように、言語・歴史・文化の共有体としての「民族」の概念に相応する。昭和前期とはこの「民族」概念が構成される時期であったことを私は別にのべている。(9)

わが日本の生ける全体性をなす「国民」＝「民族」概念によって「わが国民道徳論」は書き直されねばならないのだ。

これは昭和七年（一九三二）の和辻が、既存の国民道徳論に向けてなした挑戦であった。しかしこの挑戦は国民道徳論にだけ向けられたのではない。既存の倫理学にも向けられた挑戦であった。既存の国民道徳論が、伝統的国家日本を構成する臣民の道徳論であったように、既存の倫理学は近代的国家日本を構成する市民の倫理学であった。両者は併存していた。生ける全体性としてのわが国民＝民族の道徳論への主張は、生ける全体性としての国民＝民族の倫理学への主張でもある。方法論的には生ける全体性（人倫態）の倫理学がまず書かれねばならないだろう。そしてその末尾の章に、この生ける全体性（人倫態）の歴史的・風土的な規定を負った「国民」の当為とは何かが記述されるはずである。そしてそれは特殊日本の生ける全体性の道徳史的記述をともなうはずである。たしかに和辻倫理学はそのように展開した。和辻は『倫理学』の上巻の「序論」[10]で自らの倫理学的問題を四章に分けて略述している。第一章と第二章は人間存在の根本構造にかかわる問題である。第一章は人間存在における個と全との二重性の問題である。第二章は人間存在の根元的な時間性・空間性の問題である。この二つは共同体（全体）を構成するものとしての人間の行為的存在構造と性格をめぐる問題である。これは和辻の『倫理学』の上巻を構成した。そして第三章が人倫的組織における連帯性の構造の問題である。行為的に相互に関連する人間存在とは人倫的組織（人倫態）に他ならない。この人倫的組織はより広い公共的連帯性をもった組織へと展開する。男女二人共同体から最大の文化共同体としての民族（国民）へと。そして最後に民族の法的統治体系としての国家が人倫的組織中の最高の人倫的組織として存在する。これは『倫理学』の中巻で記述される。最後に第四章の問題がある。それは人間存在の風土的・歴史的構造の問題である。「世界史の意義は人間の道が風土的・歴史的なるさまざまの類型に於て実現せられるところに存する。普遍が特殊に於てのみ普遍であり得る。かくしてそれぞれの歴史的国民が、その特殊性に於て全体性の形成に努めるところにのみ、真実の意味に於けるinter-nationalの間柄も亦可能になる。nationalであることを飛び超えてinter-nationalたらむとするが如きは抽象的妄想以外の何物でもない」と和辻がいうように、第四章の問題とは特殊性をもって存在する「国民」の意義をめぐる問題である。さらにこの「国民」の意義をめぐっていう和辻の言葉は銘記されねばならない。

人間の全体性が何らか特殊なる類型に於てのみ形成せられるところに「国民」の意義がある。従つて「国民」は風土的歴史的なる形成物として、その根源から開明せられねばならぬ。「国民」についての考察が常に対外的な戦争との連関に於て行はれるといふこと自身が既に風土的歴史的なる制約に基くのである。

和辻の『倫理学』の下巻を構成するはずの第四章とはそれぞれの国家をなす「国民（民族）」の問題である。それは特殊的歴史的国家の特殊的歴史的国民（民族）である。この特殊的国家は対外的緊張と抗争によって自己形成する。だから和辻は一国民であることの自己認識は対外的戦争との関連でなされるというのである。和辻『倫理学』とは昭和日本の国民（民族）国家の自覚的形成に全的に参与する倫理学的作業であった。全的とは日本の国家・国民の全体性の自覚に全的に参与する作業であるということである。和辻倫理学はこれをもって市民の倫理学《エシックス》も臣民の道徳論をも超えるものであった。

歴史的・風土的な「国民」をめぐる第四の課題は「我々を国民道徳論に連れて行く」と和辻はいう。「この問題は原理的研究と歴史的研究との二面を持つてゐる。前者は倫理学の体系の一部門としての国民道徳論であり、後者は或国民の道徳史、従つて特に日本道徳史の研究である」。かくて「国民道徳論」は和辻『倫理学』の最終章をなすものとして予告されたのである。

5　わが国民道徳の特性

和辻『倫理学』が最後に「国民」概念の倫理学的形成という課題とその遂行をもって昭和日本国家の歴史過程に全的に参与するものであることを見た。その「国民」が歴史的・風土的に規定された特殊的な国民であるかぎり、第四章はわが日本国民（民族）という人倫態の特性を記述することになる。しかもこの歴史的で特殊な「国民（民族）」概念の要請が、和辻において普遍としての欧米的な資本主義的現代文明の世界的伸張に対する抗議であるかぎり、わが国民の人倫態的特性は優越性をもって記述されることになる。すでに論文「国民道徳論」は「家」という共同体的結合を重視する日本社会の特性を優越的に記述するのである。

和辻風土論が日本人の感情的特性としていう「しめやかな激情・戦闘的な恬淡」は日本の家族的「間柄」性を規定し、日本的な「家」として実現していると和辻はいう。しめやかな情愛をもった日本の血縁的間柄の特殊性が、「家」なるものを日本に顕著に発達せしめる根拠ともなったと彼はいう。この「家」的な人間共同のあり方を和辻は「感情融合的共同態」と呼ぶ。だから「家」は「日本に於ては共同態のなかの共同態として特に重大な意義を帯びてくる」というのである。日本的人倫態の特性は「家」において代表されるのだ。そこから封建的君臣間のものとして一度は斥けられた「忠君」も、感情融合的な「家」のアナロギーとしての「国民」の全体性に包摂されることでその意義が再確認されることになるのである。

> にも拘はらず我々は、家のアナロギーによつて国民の全体性を自覚しやうとする忠孝一致の主張に充分の歴史的意義を認める。それはまさに日本人がその特殊な存在の仕方を通じて人間の全体性を把捉するその特殊な仕方に他ならぬのである。さうしてこのやうな特殊な仕方が可能であつたといふことは、日本の国民の特殊性が家としての存在の仕方に最もよく現れてゐると共に、国民としての存在の仕方そのものに同様な特殊性の存することを示唆してゐるのである。

和辻はさらに国民の全体性が祭事による宗教的共同体として実現された原始社会をふりかえる。そこでは「祭り事を司る者は全体性の表現者として神的なる権威を帯びて来る」とフレーザーによっていい、この原始宗教の一般的な傾向はわが国において模範的に示されているとして、「天照大神は神であると共にまた祭り事を司る者である。祭り事がそのまま政治を意味するに至つたことはこの事情を最も明白に示してゐる」というのである。この祭り事の共同体は、「丁度家としての共同態と同じく、個人の自覚を必要としない感情融合的な共同態であり、さうしてその故に日本の人間の存在の仕方を顕著に現はし得る場所となつたのである」と、日本の古代朝廷による祭事的統一としての国家形成に日本人による感情融合的な「国民」形成の原型を見出すのである。原初日本の祭事的国家に日本の「国民」的共同性の原型を見出すことで、わが「国民」の道徳がこの原初的祭事的共同体から語り出されることになるのである。

和辻は日本古代の「教団」という祭事共同体における道徳はまだ思想を形成しているわけではないが、人間の行為・心情についての評価の言葉を産み出しているという。それは「貴し」「明し」あるいは「きたなし」「卑し」という評価である。これらの評価には「すでに国民の特殊性が反映してゐる」と和辻はいう。その評価の最も重大なものとして次の三つを彼は挙げる。それはもう日本国民という共同体の道徳的特性の記述である。

第一は国民としての存在を教団としての存在たらしめた宗教的な信念である。貴さはまず第一に祭り事を司る神に於て認められる。それは国民の全体性への帰依があらゆる価値の根源であることを意味する。我々はそれを尊皇心として云ひ現はすことが出来る。

第二は人間の距てなき結合の尊重である。和やかな心情、しめやかな情愛は、すべての英雄の欠くべからざる資格であつた。しかもそれは家族的な直接の情愛としてのみならず、一般に国民の間の関係として把捉せられてゐるのである。だからそれは一方に於て人間の慈愛の尊重であり、他方に於て社会的正義の尊重となる。

第三は戦闘的恬淡に根ざした「貴さ」の尊重である。勇気は貴く美しく、怯懦は卑しく穢い。しかも単なる強剛は醜く、残虐は極度に醜である。……勇気の貴さは自己を空しうする所に存する。勇敢な戦闘的性格は同時に恬淡な自己放下を伴はねばならぬ。かかる意味に於て貴さと卑しさとは生命よりも重大な価値であつた。(11)

わが日本国民の道徳的特性の記述はすでにここにある。

6　『倫理学』の実ならざる完結

和辻『倫理学』下巻・第四章をなす骨格は、上巻・中巻よりも早くできていたと私はいった。わが日本国民の道徳的特性を和辻は昭和七年の論文「国民道徳論」ですでに明瞭に記述しているのである。彼に残された課題とは、この尊貴なるわが人倫態を人倫的理念の最高の実現と位置づける『倫理学』における展開であった。彼は昭和一二年に上巻を完成し、昭和一七年に中巻を完成した。だが中巻の完成後間もなく和辻は、最高の人倫態たる日本国家国民の上に暗く重い影が落ちていることを知らざるをえなかった。敗戦によって日本は挫折した。だが日本とともに挫折するはずの和辻は『倫理学』の筆を折らなかった。その代わりに彼は「人倫の世界史的反省[12]」という反省をしたのである。この反省によって彼は第四章を書き進め、かくて『倫理学』下巻は昭和二四年に完成した。しかし「人倫的反省」とは、和辻自身における倫理的反省ではない。「人倫的反省」とはこの日本という人倫態をなす国民の反省を意味していたのである。ひどい話だ。人倫的理念の最高の実現とされるはずの日本国民は、今度は敗けた理由を己れのうちに求め、その国民性の欠点（個性的制限）を反省し、その克服を求められるのだ。欠点の克服こそが人倫の道だとされるのである。「個性的存在への反省、個性的制限の超克は、あらゆる国民に課せられた人倫的任務であつて、その遂行によつてのみ普遍的な人倫の道の実現における進歩が見られる」。これは『倫理学』下巻・第四章の最終節「国民的当為の問題」

でいう和辻の言葉である。「家」という血縁的共同存在に重きをおく「わが国固有の美風」について、美風がかえって欠点をもなすとしてこういうのである。

美風の実現に道徳的精力を傾けると、道徳的訓練が家の生活の中心として行はれるやうになり、それ以上に広い公共的生活での行為の仕方がゆるがせにされる、といふやうな別の結果を招くことになる。これは前者より一層大きい弊害といはなくてはならない。わが国において家の制度が導き出した最も大きな弊害は、公共道徳の未発達である。これは家の道徳がいかによく実現されてもなほ償ふことのできない大損失なのである。

この文章には、「風土、二六九―二八二頁参照。この損失の叙述は二〇年後の今日に一層よくあてはまると思ふ」という注記がある。和辻が参照を指示する『風土』の当該箇所は、ヨーロッパ留学から帰ったばかりの和辻によって書かれた「日本の珍らしさ」と題された文章である。ヨーロッパにおける公共的な都市経営と市民生活とに強い印象をもった和辻が日本の非公共的な大都市東京を珍奇とし、「何故人は共同的に公共的に都市を営まうとしないのであらうか」と問い、その理由を日本の「家」に見出していった文章である。これは昭和四年の新帰朝者である和辻によって書かれたものである。だがその二年後には和辻は、「我々は「家」としての存在の仕方が特に顕著に国民の特殊性を示すことを承認しなくてはならぬ。ところで日本の人間がその全体性を自覚する道も、実は家の全体性を通じてなされたのである」（『風土』「日本」）と書くのである。日本社会の珍奇をいった新帰朝者和辻は、だが二年もたたずに国民的伝統の再発見者になるのだ。ところが日本の敗戦によって和辻は二〇年前の新帰朝者の一時の感想を引っ張り出すのである。敗戦後、日本知識人の多くが欧米からの新帰朝者のごとくに日本社会の非近代性・非合理性を語り出した。そして和辻もまた二〇年前の新帰朝者としての感想を書棚の隅から引っ張り出した。だが和辻もしたこの通俗的な国民への説教は、彼の戦後的言説の欺瞞を自ら証明するものであった。敗戦とともに人びとが失いつつあった和辻への信を、彼はみずからの戦後的言説によって決定的に失わせた。「信」とは人の言葉に実《まこと》があることである。その言葉に実があるゆえに、人は彼を信じるのである。和辻は己れの言葉の実を失うことによって、戦後に延命した。延命することによって彼は己れの『倫理学』を完結させ、文化勲章を受章した。だが彼は自ら実ならざる体系として『倫理学』を完成させたのだ。それはもうスキャンダルである。和辻『倫理学』は日本の講壇倫理学への人びとの信を全く喪失させる形で完成したのである。それ以降、日本の講壇倫理学への人びとの信は恢復しない。日本における倫理学の欠如は現在にいたっている。しかしそれは日本の生活者にとってはむしろ幸とすべき事態であるだろう。いま倫理学を作るも棄てるも、自立的な生活者の手の中にあるのだ。

註

1　なぜいま和辻倫理学なのか

（1）和辻の『倫理学』上中下三巻はそれぞれ昭和の歴史的刻印を負って、それぞれの時期に成立するのであり、彼の『倫理学』はこの三巻として考えるべきである。したがって『和辻哲郎全集』における上（旧上・中）下（旧下）二巻としての収録、その全集版を底本とした岩波文庫版『倫理学』の四分冊としての刊行は、この著書が負っている歴史的刻印を見失わせるものだと私は見ている。和辻倫理学の思想史的な解読という私の作業は、当然、『倫理学』上中下三巻の旧版に従ってなされる。引用もまた旧版からのものである。

（2）和辻の論文「倫理学――人間の学としての倫理学の意義及び方法」は岩波講座『哲学』の第一巻（第二回配本）に収められ、昭和六年（一九三一）に岩波書店から刊行された。これが和辻が構想する「人間の学としての倫理学」の最初の試みである。この論文は和辻の最初の倫理学的論文として重要な意味をもちながら、しかし『人間の学としての倫理学』の準備稿とみなされ、全集にも収められずに遺棄されてきた。私は本書でこの論文の意義についてあらためて論じる予定である。

（3）和辻は『倫理学』下巻の序言で、「最初このプランを思ひついてから、もう十五六年の歳月が経ってゐる」といっている。「このプラン」とは下巻の「人間存在の歴史的風土的構造」のプランであるのか、「人間の学としての倫理学」というプランであるのかはっきりしないが、両者が和辻の倫理学的構想として一つのものとしてあり、その実現に「十五六年の歳月」を要したと和辻が自ら見ていると私は解したい。

(4)『倫理学』中巻(岩波書店、一九四二)の「序言」で和辻は、「本書は最初の節を執筆し始めた時著者は箱根山中で日支事変の突発に逢ひ、……本書はその後の五年の間に書かれたもので、……この巻の最後の節を執筆してゐた時に今度の大東亜戦争の勃発に際会したのである」といっている。なおこの文章は『倫理学』中巻の戦後改訂版の序(昭和二一年三月)からは削除されている。昭和一七年版の「序言」がいう通り、中巻の最終節「国家」を「大東亜戦争が勃発に際会した」時期に書いているのである。もっとも強く戦争の刻印を負っている節である。したがって戦後改訂版では大幅な削除改訂がなされている。最終節から引いたこの文章も戦後版にはない。全集版『倫理学』を解説する金子武蔵はこの削除改訂について、「改訂は主として第七節に関するが、これとて変容であって変更ではない」といい、「情勢の変化の激しさを思うならば、その少ないのにむしろ驚くほどである」といっている(『和辻哲郎全集』第一一巻「解説」。岩波書店、一九六二)。

(5)『倫理学』中巻におけるこの歴史の印を消した戦後修訂版によって和辻の主著を再版することに私は同意できない。戦後修訂版『倫理学』中巻を収める『和辻哲郎全集』第一一巻は、巻末「附録」に序言の削除箇所と第六節・第七節の大きな改訂箇所だけを旧版の原文とともに挙げている。

(6)『「近代の超克」とは何か』青土社、二〇〇八。なお本書は『現代思想』に二〇〇七年四月号から二〇〇八年三月号まで連載されたものである。

(7) 金子武蔵「解説」、『和辻哲郎全集』第一一巻、岩波書店、一九六二。

(8) 和辻哲郎『倫理学』上巻、「序言」、岩波書店、一九三七。本連載における和辻の『倫理学』からの引用は、上巻については一九三七年版、中巻については一九四二年版、下巻については一九四九年版による。

(9) 私は二〇〇六年にカタルニヤの民族学雑誌(Revista d'Etnologia de Catalunya)の依頼で同誌の特集号「カルチュラル・ナショナリズムと日本人論」に論文「「日本民族」概念の成立」を寄稿した。この論文は加筆され、「「日本民族」概念のアルケオロジー」として『日本ナショナリズムの解読』(白澤社、二〇〇七)に収録されている。

(10) 明治三七年版の改版縮刷『言海』(明治二二—二四年刊)にはまだ「民族」の語彙はない。ただ明治四二年刊の『日本品詞辞典』（佐村八郎著、六合館）は「民族」を同義語「民種」とともに載せている。竹越与三郎が『人民読本』で、「父母、兄弟、姉妹其他の人々相集りたる者を、家族と云ふ。此家族の多く集りたるものを、民族と云ふ（或は国民とも云ふ）。一の政府によりて統括せらるる民族を、国家と云ふ」といっている。家族を大きくした人民の族という、国民の別名としての「民族」は、人民の種族という種族概念としての「民族」とは異なっている。ともあれ明治三〇年代には「民族」の語は日本社会に使用されていったようである。ただ近代漢語として漢和辞典に採録されるのは随分遅いようだ。明治四五年版の『新訳漢和大辞典』（浜野知三郎輯著、六合館）にはまだない。

（11）『言海』の長期にわたる増補訂正作業を経て昭和前期に成った『大言海』（昭和七―一二年刊）では「民族」はこう説明されている。「人民の種族。国を成せる人民の言語、民俗、精神感情、歴史の関係などの共通に基づく団結。異人種、合して成るもあり、一人種中に分立するもあり。」なお『広辞林』（大正一四年初版）は「民族」を「人民の種族」として、関連語として「民族運動」「民族自決」「民族主義」を挙げている。これらの関連語によっても「民族」の語の日本における社会的成立と第一次大戦後の世界の歴史的状況とが深くかかわっていることを知ることができる。

（12）和辻の「文化的創造に携はる者の立場」は『思想』（昭和一二年九月）に掲載された文章である。和辻の評論集『面とペルソナ』（岩波書店、一九三七年一二月）に収録されている。ここでの引用は、『全集』（第一七巻、一九六三）所収の『面とペルソナ』によっている。

（13）『倫理学』中巻「序言」、傍点は子安。

（14）和辻『倫理学』下巻、岩波書店、一九四九。

（15）金子武蔵、前掲「解説」。

（16）『倫理学上』（『和辻哲郎全集』第一〇巻、一九六二）に付されている「序言」によった。仮名遣いなどは全集版の修正による。

2　和辻は倫理学を作り直す

（1）この論文についてはすでに第一章に触れた。和辻はこの論文について『人間の学としての倫理学』の「序」にこう記している。「この書とほぼ同じやうな考は、曾て昭和六年に岩波哲学講座の『倫理学』に於て述べたことがある。この書に於ても前著と同じ材料を少からず用ゐたが、しかしここでは全体に亘つて新しく考へなほし、また新しい組立てによつて叙述しなほした」。和辻は論文「倫理学」をいわば草稿として、その全面的な再構成として『人間の学としての倫理学』があるとしている。この和辻の考えにしたがって和辻全集の編者もこの論文「倫理学」を草稿とし、全集に収めていないのである。私は論文「倫理学」に和辻倫理学のもう一つの出発があると見ている。『人間の学としての倫理学』が世に顕示された出発だとすれば、それは数年前の論文「倫理学」という出発を修正した再出発である。このことは次章に論ずべき問題である。

（2）和辻哲郎『人間の学としての倫理学』岩波全書、岩波書店、一九三四。以下この書を『人間の学』と略記する。

（3）和辻『倫理学』上巻、岩波書店、一九三七。

（4）子安「近代「倫理」概念の成立とその行方」『思想』九一二号（二〇〇〇年六月）。この論文は私の著書『漢字論——不可避の他者』（岩波書店、二〇〇三）に収められている。

（5）論文「倫理学」はマルクスの思想の人間学的再検討から始まるように、和辻において人間学的視点の構成が問題的にも時間的にも優先している。『人間の学としての倫理学』では「倫理」の問い直しを通じて倫理学の人間学的再構成が導かれる。

（6）論文「倫理学」はマルクスに始まり、アリストテレスに遡る。『人間の学としての倫理学』における再検討的記述は歴史的にアリストテレスに始まり、マルクスにいたる。これは両著述の動機や性格を伝えていて面白い。

（7）吉田静致『倫理学要義』東京宝文館、一九一三。
（8）『哲学字彙』の初版は明治一四年（一八八一）に刊行された。それに増補改訂を施して明治一七年（一八八四）に東洋館から再刊された（井上哲次郎・有賀長雄編著）。この『哲学字彙』はフレミング（弗列冥）の『哲学辞典』に近世の新語彙を加えて翻訳・編集された最初の体系的な哲学語彙集である。
（9）大西祝『倫理学』、『大西博士全集』第二巻、警醒社書房、一九〇三。
（10）大西『倫理学』第一章「倫理学の問題」。引用に当たっては句読点等を附加している。
（11）井上哲次郎の『倫理新説』は明治一六年（一八八三）に同盟書肆より出版された。新書サイズで本文わずか六三頁の小冊子である。『明治文化全集』第二三巻「思想篇」に収められている。
（12）井上哲次郎『新修国民道徳概論』三省堂、一九二八。井上の『国民道徳概論』（大正元年・一九一二年初版）は、その後改訂増補がなされて大正七年（一九一八）に『増訂国民道徳概論』として再版された。しかしその紙型が震災によって焼失したので、大戦後の社会問題、思想問題についての諸章を加えて新修版が昭和三年（一九二八）に刊行された。
（13）昭和三年（一九二八）の新修版刊行に当たっての序言。
（14）南北朝正閏論は古くから論じられてきた歴史的問題であるが、明治四四年（一九一一）に国定教科書（小学日本歴史）が南北朝を対等に記述していることが帝国議会で問題化された。教科書は「南北朝時代」に代えて「吉野朝時代」の称を採用することになった。
（15）深作安文『国民道徳要義』弘道館、一九一六。
（16）この経緯については註（4）の私の論文を参照されたい。
（17）シジウィック（H. Sidgwick）『倫理学の方法』*The Methods of Ethics*, 1874.
（18）「民本主義」は吉野作造の用語である。人民主権を意味する民主主義に代えて、国民の福利を政治目的とし、政策決定過程に国民の要求を反映させるべき主張を民本主義とした。
（19）「政府批判とその主体としての「国民」——二〇世紀初頭の日本のデモクラシーは、日露戦争の熱狂性を背景に持ち、「帝国」の構造に規定されたナショナリズムと結合して現れてきている。対内的な姿勢と対外的な要求、政府批判とアジアの人びとへの姿勢に落差を有する「帝国」のデモクラシーであった」

（成田龍一『大正デモクラシー』岩波新書、二〇〇七）。

3　マルクスからの始まり

（1）和辻哲郎「倫理学——人間の学としての倫理学の意義及び方法」岩波講座『哲学』一（第二回配本）所収、一九三一、岩波書店。ここでは論文「倫理学」と略称する。この論文の存在は周知のことであるが、『和辻哲郎全集』は第一次全集も、増補された第三次全集もこれを収録しない。『人間の学としての倫理学』がこの論文の改作として成ることをもって、これを収録しない理由としているようである（『和辻哲郎全集』第九巻、金子武蔵「解説」）。

（2）岩波講座『哲学』は岩波という書店名を冠した講座の第七次のもので、一九三一年一一月に刊行が開始され、三三年九月に完結した。全一八巻。西田幾多郎の編集となっているが、実質的には三木清の編集になるものとされている。なお第一次岩波講座は三木清・羽仁五郎・林達夫の編集による『世界思潮』で、一九二八年二月刊行開始、二九年四月完結、全一二巻。昭和初年の岩波書店における哲学思想関係の出版に三木が大きく関わっている。岩波全書の刊行も三木の示唆によるという。

（3）和辻『人間の学としての倫理学』岩波全書、一九三四。ここでは『人間の学』と略称する。

（4）『和辻哲郎全集』（第一次全集、全二〇巻、岩波書店、一九六一—六三）はこの論文「倫理学」を収録していない。その第二〇巻（一九六三）所収の「年譜」にも「執筆目録」にも論文「倫理学」は記載されていない。この第一次全集に五巻を加え、未収録の論文・エッセイ等を補って完璧を期したとされる第三次全集（全二五巻、別巻二、八九年五月—九二年八月）も論文「倫理学」を収録しないが、第二四巻所収の「年譜」「著作年表」には記載されている。

（5）三木清「書簡」『三木清全集』第一九巻、岩波書店、一九六八。

（6）三木「年譜」『三木清全集』第一九巻。

（7）『岩波書店八十年』（岩波書店、一九九六）は昭和二年の書店関係の欄で、「(同年四月) 三木清氏、京都第三高等学校の教職を辞し法政大学教授となって上京——岩波書店へも定期的に来て編集に協力することになった」とある。

（8）リャザノフ編・三木清訳『マルクス・エンゲルス　ドイッチェ・イデオロギー』岩波文庫、一九三〇。

（9）『三木清全集』第三巻「解説」、岩波書店、一九六六。なお『唯物史観と現代の意識』所収の論文からの引用も同巻による。

（10）ヨーロッパ留学から帰って三木はパスカル研究の完成に専念し、処女作『パスカルに於ける人間の研究』を帰国の翌年（大正一五）に岩波書店から刊行する。『三木清全集』第一巻（一九六六）所収。

（11）この記事は、三木の東畑喜美子宛書簡（昭和二・一〇・二六）に付されている。全集一九。

（12）三木は上記の書簡中で、「パスカルを書いた私と今マルクスを論じてゐる私との間には、最も緊密な連絡があり、それらの根柢には共通の確信と思想とが動いてゐる筈です」と記している。

（13）引用はすべて「人間学のマルクス的形態」（全集三）からである。

（14）マルクス「フォイエルバッハに関するテーゼ」『ドイッチェ・イデオロギー』（三木清訳、岩波文庫）。私はこれを三木の訳によって引いた。傍点は訳書による。

（15）「解釈学的現象学の基礎概念」は昭和二年の一月に、「人間学のマルクス的形態」は同年六月に『思想』に発表された。

（16）マルクス「フォイエルバッハに関するテーゼ」（『ドイッチェ・イデオロギー』）からの引用であるが、引用文は和辻の論文中のものによっている。

（17）金子武蔵はこの論文「倫理」を解説して、和辻におけるマルクスへの言及は「唯物論と観念論との対立について態度をきめることが出発点をなしているのは明かである」（全集九「解説」）といっている。なぜなら「唯物論か観念論かということは昭和初頭の哲学ジャーナリズムをにぎわしたテーマで」あったからだと金子は説明している。

（18）論文「倫理学」におけるマルクスからアリストテレスへと古代に遡行する叙述は、『人間の学』ではアリストテレスからマルクスへという古代から近代へという下降する叙述となる。これは二つの著述の性格に深く関係している。前者は「倫理学」概念の再構成をめぐる発見的な視線がマルクスからアリストテレスへと遡らせたのである。後者はすでに発見された「倫理学」概念を概説的に説明するかのごとくアリストテレスから説き出される。

(19)『和辻哲郎全集』は和辻の遺志により、「生前の著書と大学における講義を主として編集された」(前掲『岩波書店八十年』)という。この遺志にしたがって論文「倫理学」は『全集』に収録されていない。論文「倫理学」は和辻自身とその後継者たちによって、和辻の公的著述としての性格を抹消されたといってよい。

4 昭和のわれわれの倫理学へ

(1) 岩波全書は現代学術の普及を目的に、簡便な小冊子に各専門の標準的知識を整理して収めるという形式で昭和八年一二月に創刊された。戦後に至るまで高等教育における入門的概論書として用いられてきた。田辺元『哲学通論』・美濃部達吉『行政法1』など八冊が最初に同時に刊行され、数日遅れて西田幾多郎の『哲学の根本問題』(岩波全書1)が刊行された。和辻の『人間の学としての倫理学』は哲学系の三冊目の全書として翌九年の三月に刊行された。なおこの岩波全書の企画は三木清の提案によるとされている。三木清自身は『人間学』の執筆を担当し、その刊行予告は早くからされていたが、結局完成をみなかった。『人間の学としての倫理学』をここでは『人間の学』と略記する。

(2) 和辻の東大における倫理学講義がそのまま著書『倫理学』になったのであろう。『倫理学』における記述自体が、これが学生を前にして講じられたものであることを示している。

(3) 和辻哲郎「倫理学——人間の学としての倫理学の意義及び方法」岩波講座『哲学』一所収、一九三一、岩波書店。本稿では論文「倫理学」と略記する。

(4) 和辻・前掲論文「倫理学」第一章・七「アリストテレースの politikē」。引用文中の傍点は子安。

(5) 海老原勇氏が東大の科学史・科学哲学分科に提出した二〇〇五年度基礎科学特別研究論文「和辻倫理学における古代ギリシャの精神——アリストテレスのポリティケーとポリスの概念」である。

（6）　アリストテレスが自足的である善（幸福）についてのべている箇所、「自足的であるとわれわれの考えるところのものは、それだけでもって生活を望ましい生活、何ものをも欠除していない生活となすごときものにほかならない。しかるに幸福はあたかもかかる性質を持つものであると思われる」（高田三郎訳『ニコマコス倫理学』上、岩波文庫）を、和辻はこう訳している。「でここには自足をば、孤立させられても生を望ましきもの足れるものたらしめるものとして定義する。それは幸福だと思ふ」。こう訳した上で、和辻はここから、「ここに人間を孤立させて考察するといふ方法が便宜上採用されたのであることは、極めて明白に云ひ現はされてゐる」というアリストテレスにおける方法上の個人主義を導くのである。

（7）『人間の学としての倫理学』第一章・六「アリストテレスのポリティケー」、岩波全書。

（8）　これはアリストテレスが『政治学』第一巻第二章の「しかしまた自然には［本性上は］、国は家やわれわれ個々人より先にある、何故なら全体は部分より先にあるのが必然だからである」（山本光雄訳、岩波文庫）とのべられていく「全体・部分」をめぐる重要な一節の末尾でいわれている。和辻も『人間の学』でこれを引いているが、しかし和辻はこれを「孤立人に自足的な完結態」を認めた立場と矛盾するものとして、アリストテレスの人間把捉に全体性と個別性との矛盾的構造把握を読もうとする。

（9）　論文「倫理学」の第一章の八「『倫理学』の概念は既に右の如き人間の学の理念を示してゐる」。

（10）　和辻・論文「倫理学」第三章・一七「解釈学的方法」。

（11）　同上「解釈学的方法」、傍点は和辻。

（12）『人間の学』第二章・一六「解釈学的方法」。

（13）　論文「倫理学」第三章・一七「解釈学的方法」。

（14）『人間の学』の第一章「人間の学としての倫理学の意義」は、一『倫理』といふ言葉の意味、二『人間』といふ言葉の意味、三『世間』或は『世の中』の意義、四『存在』といふ言葉の意味、という諸節からなっている。

（15）『新訳大漢和辞典』三島毅・大槻文彦監修、浜野知三郎輯著、六合館、一九一二。

（16）『日本品詞辞典』佐村八郎著、六合館、一九〇九。

5 「倫理」という言葉と解釈学

（1）和辻哲郎『人間の学としての倫理学』岩波書店、一九三四。本書では以下『人間の学』と略記する。

（2）「近代「倫理」概念の成立とその行方」『思想』九一二号、二〇〇〇年六月（『漢字論——不可避の他者』所収、岩波書店、二〇〇三）。『日本ナショナリズムの解読』（白澤社、二〇〇七）中の和辻倫理学をめぐる二章。

（3）引用文中の傍点は子安。

（4）本書第二章「和辻は倫理学を作り直す——既知の倫理学とは何か」。

（5）和辻の『続日本精神史研究』（岩波書店、一九三五）は「日本精神」という昭和思想史にとってきわめて重要な論文を冒頭に置いている。彼はここで自己犠牲的な忠君愛国的行動を日本精神の「発露」としていう一般の風潮に対して、「もし「発露」を通して日本精神を捕らえるという仕方が正しいのであるならば、一般に日本民族の生活表現と見られるものはすべてこの「発露」でなくてはならない」といっている。和辻が日本精神主義に対置する日本民族の生の表現としての「日本精神」概念は、ディルタイの解釈学を介して構成されたものである。この概念によってはじめて日本民族の生の表現としての文学を含む歴史的事績の理解による日本精神史が成立する。ここでの引用は全集版（『和辻哲郎全集』第四巻）によっている。

（6）『人間の学』第二章一六「解釈学的方法」。傍点は著者。

（7）和辻は大正一四年（一九二五）に京都帝大の倫理学担当の助教授に任ぜられる。昭和二年（一九二七）にドイツに留学する（翌年に帰国）。昭和六年（一九三一）に教授になる。東京帝大教授に転任するのは昭和九年（一九三四）である。

（8）和辻『風土——人間学的考察』岩波書店、一九三五。

（9）「年譜」『和辻哲郎全集』第二十巻所収、岩波書店、一九六三。

(10) リチャード・ウォーリン『存在の政治――マルティン・ハイデガーの政治思想』小野紀明ほか訳、岩波書店、一九九九。

(11) この論文は岩波講座『哲学』(第二回配本)に収められて昭和六年(一九三一)に刊行された。以下本稿では論文「倫理学」と略称する。

(12) 論文「倫理学」については本書第一章から触れているが、ことに第三章「マルクスからの始まり」を参照されたい。

(13) ハイデガー『存在と時間』序論・第二章・第七節「根本的探究の現象学的方法」。原佑・渡辺二郎訳『存在と時間』(世界の名著、中央公論社)による。傍点は訳文におけるもの、原文ではゲシュペルト(隔字体)。

(14) 論文「倫理学」の末尾で和辻は、「経験的帰納的研究に於て取扱はれてゐる一切の風習、道徳、社会形態などは、人間の存在の『表現』としてまさに解釈学的方法の豊富な材料を提供する」といっている。

(15) 本書第四章「昭和のわれわれの倫理学へ」。

6　人の肉体は物体化・個別化されるか

(1) 和辻『倫理学』上、第一章・第二節「人間存在に於ける否定的契機」。

(2) 『倫理学』上、「序論」第一節「人間の学としての倫理学の意義」。

(3) 本書第一章「なぜいま和辻倫理学なのか」。

(4) 「『個人』の立場は何らかの人間の全体性の否定としてのみ成立する。否定の意味を有しない個人、即ち本質的に独立自存の個人は仮構物に過ぎない」(和辻『倫理学』上「序論」第一節)。

(5) 吉見俊哉『博覧会の政治学――まなざしの近代』中公新書、一九九二。「人間の展示」という言葉とともに、ここでの博覧会をめぐる記述は吉見氏のこの著書に負っている。

(6) 子安「日本思想史の成立とイスラム世界――和辻哲郎と大川周明」『日本近代思想批判――一国知の

成立』（岩波現代文庫、二〇〇三）。

（7）和辻の風土論的文化類型の構成作業の成果は、『風土』（岩波書店、一九三五）にまとめられる。和辻風土論はさらに『倫理学』下巻の第四章「人間存在の歴史的風土的構造」をも構成していく。

7　人間共同体という倫理学の語り

（1）ヘーゲル『法哲学講義』長谷川宏訳、作品社、二〇〇〇。

（2）和辻『人間の学としての倫理学』一六「解釈学的方法」。傍点は子安。

（3）『和辻哲郎全集』第七巻（岩波書店、一九六二）に付されている金子武蔵の「解説」中に和辻の京大・東大における講義題目（大正一四―昭和一〇）が掲げられている。金子によれば和辻の「ヘーゲル法哲学」の演習は昭和一二年まで続いたという。

（4）『ヘーゲル法の哲学綱要』ガンス編・速水敬二・岡田隆平訳、鉄塔書院、一九三一。これがヘーゲルの『法の哲学』の最初の翻訳だとみなされる。国会図書館で検索するかぎり、これより古いものはない。

（5）前掲（註1）『法哲学講義』長谷川宏訳。

（6）「精神は、自らを自由なものと知り、自らをこのような対象として意志するもの」である。それは「理性的な意志」である（ヘーゲル『エンチクロペディー』「精神哲学」四八二節、樫山他訳、河出書房新社）。「ここでの理性的な考察の対象は、精神がそれの自由においてあるあり方である。すなわち、理性が自分に現実性を与え、実存在する世界として自分を生み出すところの、自己意識的な理性の最高の頂点である。学の仕事はただ、ことがらの理性自身のこの労働を意識にもたらすということだけである。」（『法の哲学』「緒論」三一節、藤野・赤沢訳、中央公論社）。「我々である我と我である我々とを形づくるさいの絶対的実体である精神」（『精神現象学』Ⅳ「自己自身だという確信の真理」三「自我と欲望」、金子武蔵訳、岩波書店）。

（7）和辻は「国家は人倫的組織の人倫的組織である」「最高の人倫的組織としての国家」という。『倫理学』

中巻・第七節「国家」。
(8) 和辻『倫理学』上巻・序論・第一節「人間の学としての倫理学の意義」。
(9) 本書第六章「人の肉体は物体化・個別化されるか——個人殺しの物語」を参照されたい。
(10) ヘーゲル『エンチクロペディー』「論理学」C「理念」二一五節。
(11) ヘーゲル・同上書「論理学」「論理学の詳細な把握と区分」八一節。
(12)『倫理学』上巻、第一章・第四節「人間存在の否定的構造」
(13) 同上・第五節「人間存在の根本理法」

8 なぜ二人共同体から始まるのか

(1) 本書第七章「人間共同体という倫理学の語り」。
(2) 和辻『倫理学』中巻、第三章・第一節「公共性の欠如態としての私的存在」。
(3) ハーバマス『公共性の構造転換』(細谷貞雄訳、未来社、一九七三)の第一章・第三節「市民的公共性の成立史によせて」から引いている。
(4) 和辻『倫理学』中巻、第三節・第一章、傍点は和辻。
(5) 本書第六章「人の肉体は物体化・個別化されるか」を参照されたい。

9 経済社会をどう読み直すか

(1) ヘーゲル『法哲学講義』長谷川宏訳、作品社、二〇〇〇。
(2) 和辻は近世ヨーロッパに成立する経済社会をブルジョワ社会といっても、市民社会とはいわない。ヘーゲルの『法の哲学』における「市民社会(Die bürgerliche Gesellschaft)」の章に言及しながら、和辻はこれを「ブルヂョワ社会」と訳している。和辻は近代の市民社会を否定的に「打算社会」と規定する。打算社会＝市民社会論はあらためて第七節「国家」において批判的に展開される。

（3）マリノウスキー『西太平洋の遠洋航海者』寺田和夫・増田義郎訳、世界の名著59、中央公論社、一九六七。*Malinowski, Argonauts of the Western Pacific*. 1922.

（4）引用は寺田・増田訳による前掲書から。

（5）和辻『倫理学』中巻・第三章・第五節「経済的組織」、岩波書店、一九四二。引用文中の傍点は和辻。

（6）同上。引用文中の傍点は子安。

（7）前掲・マリノウスキー『西太平洋の遠洋航海者』第三章「クラの本質」。

10　和辻に「市民社会」はない

（1）『ヘーゲル法の哲学綱要』ガンス編、速水敬三・岡田隆平訳、鉄塔書院、一九三一。

（2）和辻『続日本精神史研究』岩波書店、一九三五。

（3）『日本資本主義発達史講座』は野呂栄太郎を中心に大塚金之助・平野義太郎・山田盛太郎が編者となって、岩波書店から昭和七年五月から翌年八月にかけて刊行された。全七巻。第一回配本以来、毎回、全部あるいは一部論文が発禁・削除処分を受けるという激しい言論弾圧下で執筆、刊行された。発行部数は合計七万部に達したという。

（4）竹内好と日本近代史のアポリアをめぐっては、私はすでに『「近代の超克」とは何か』（青土社、二〇〇八）で同書の主題として論じている。ことに同書の第一〇章「「近代の超克」と戦争の二重性」第一一章「アジア主義という近代の対抗軸」を参照されたい。

（5）竹内好「近代の超克」『日本とアジア』竹内好評論集・第三巻、筑摩書房、一九六六。

（6）保田與重郎「我国に於ける浪曼主義の概観」『近代の終焉』小学館、一九四〇。

（7）和辻「現代日本と町人根性」『続日本精神史研究』、引用末尾の文章の傍点は子安。

11 「民族」を語り出すこと

（1） 大正九年（一九二〇）に刊行された『日本古代文化』（岩波書店）は、震災後再刊されるに当たって改訂され、大正一四年（一九二五）に改訂版として再刊された。ここでの引用は改訂版による。

（2） 『ニイチェ研究』内田老鶴圃、一九一三。大正二年、和辻二四歳の時の最初の著作である。その二年後に『ゼーレン・キェルケゴール』が同じく内田老鶴圃から出版される。

（3） 白鳥庫吉「『尚書』の高等批評」、『東亜研究』一九一二。

（4） 引用は『和辻全集』第一七巻（岩波書店、一九六三）所収の『偶像再興』による。

（5） 「ある子供の死（なき坂秀夫の霊に手向く）」『和辻全集』第二〇巻所収（岩波書店、一九六三）。この文章は、『思想』大正一〇年一一月号に掲載された。全集最終巻（第二〇巻）の「小説・戯曲」と分類された篇中に収められている。それからするとこの文章は小説の形を取った亡き子への追悼文であるのかもしれない。なお『日本古代文化』は「亡き児の霊前に捧ぐ」の献辞をもっている。

（6） ここに引くのは『古事記及び日本書紀の新研究』（大正八）を改訂した『古事記及日本書紀の研究』（大正一三）の「結論」の章からである。

（7） 『文学に現はれたる国民思想の研究　貴族文学の時代』（岩波書店、大正五年）は戦後改訂され、『文学に現はれたる国民思想の研究　第一巻』として昭和二六年に岩波書店から刊行された。ここの引用は『津田左右吉全集』別巻第二所収の大正五年初版本によっている。なおこの引用冒頭の「こんな風であるから」とは、漢文の知識も漢字利用も少数の貴族のものであって、国民の多数のものではなかった上代日本の風をいっている。

（8） 真淵が宣長宛書簡（明和五年三月一三日）でいっている（『校本賀茂真淵全集・思想篇下、弘文堂書房、一九四二）。

12　文化共同体としての民族とは

（1）和辻におけるこうした民族概念の登場については、第一一章「「民族」を語り出すこと」を参照されたい。

（2）和辻『倫理学』中巻、第三章「人倫的組織」第六節「文化共同体」、一九四二、岩波書店。引用文中の傍点は和辻。

（3）和辻『倫理学』中巻の戦後修正版は敗戦の翌年、昭和二一年（一九四六）に改定版としてではなく第四刷として刊行された。表面的にはこれが敗戦後の改定版であることを和辻は隠蔽した。実際には第七節「国家」にかなり長い修正が、それ以外の節、ことに第六節においても随所に文章上の修正がなされた。にもかかわらず、和辻もその後継者たちもこれを戦後修正版とせずに、昭和二四年（一九四九）刊の下巻とともに和辻『倫理学』の正統のテキストとして『和辻哲郎全集』（岩波書店）に収め、岩波文庫版『倫理学』として刊行している。

（4）この問題については第一章「なぜいま和辻倫理学なのか」で私はすでにのべた。

（5）第九章「経済社会をどう読み直すか――トロブリアンド島からの視点」参照。

（6）私の仁斎理解については『伊藤仁斎の世界』（ぺりかん社、二〇〇四）を参照されたい。

（7）『倫理学』中巻・第三章・第六節「文化共同体」。引用文中の傍点は和辻。

（8）『人間の学としての倫理学』第二章・十六「解釈学の方法」。

（9）和辻の解釈学的方法については、第四章「昭和のわれわれの倫理学へ」および第五章「「倫理」という言葉と解釈学」を参照されたい。

（10）『倫理学』上巻・「序論」。

13　死ぬことができる「国家」の提示

(1)　この論文は『思想』の二七三号（昭和二一年三・四月号）に掲載された。『思想』はこの号をもって休刊し、一年後の昭和二二年二月号から復刊された。二七三号は五〇頁ほどの粗末なもので、和辻と西洋史の山中謙二と哲学の武市健人の三人が執筆している。私はこの号を国会図書館のマイクロ・コピーによって辛うじて読むことをえた。「人倫の世界史的反省　序説」とあるように、和辻はこれを「序説」として本論をさらに『思想』に連載していく予定であったのだろう。しかし『思想』休刊によってその予定は変更され、本論は『展望』（筑摩書房）に掲載され、『鎖国』にまとめられて昭和二五年四月に筑摩書房から刊行された。だが『鎖国』にある「序説」は、『思想』の論文を修正したものである。

(2)　古川哲史による『鎖国』(『和辻哲郎全集』一五、岩波書店、一九六三）の「解説」。

(3)　田辺元の『懺悔道の哲学』は戦後の昭和四六年に岩波書店から刊行されるが、田辺がこれを構想したのは昭和一八年末から一九年の初めにかけての時期だと辻村公一が解説している（『田辺元』解説、現代日本思想大系23、筑摩書房、一九六五）。

(4)　前掲・古川「解説」。

(5)　和辻「文化的創造に携はる者の立場」『面とペルソナ』（岩波書店、一九三七。『和辻哲郎全集』第一七巻所収、岩波書店、一九六三）。ここでの引用は全集版による。

(6)　高坂正顕が座談会「世界史的立場と日本」の最後にいう言葉である（『世界史的立場と日本』中央公論社、一九四三）。なお「世界歴史は人類の魂のプルガトリオだ」とは西田がいうことだと高坂はいっている。

(7)　『倫理学』中巻の戦後修正版は中巻の四刷として刊行された。その四刷に付された「序言」は昭和一七年版の「序言」を書き改めたもので、昭和二一年三月の日付をもっている。

(8)　この文章は修正されずにこのまま戦後修正版にも存在する。このことは和辻における修正とは何かを考えさせる。この文章の存続によって和辻の思想的立場の戦中・戦後の一貫性をいうとすれば、それは違うといわざるをえない。「最高の人倫的組織としての国家」を「自覚的人倫的組織としての国家」へと改めるとき、国家への忠誠の度合いも内容も変容するのである。そのための死をも覚悟すべき忠誠の要求から、その成員としての人倫的自覚の要請へと変わるだろう。この文章は存続しても、それを含む文脈は昭和一七年のものから昭和二一年のものへと変容しているのである。和辻の修正とはこういう性格をもっている。昭和一七年の文章として発するメッセージを消すように修正するのである。

(9) さきに引いた「神聖にして威力ある一人の主権者」の出現をいう言葉を戦後修正版は、「民族の全体性が聖なるものとして把捉されるような原始的な段階において、この民族の組織が人倫的組織として国家的なるものとして形成されるに至った時、そこには必ず神性を有する王が出現する」と改めて、「この現象はフレーザーが『王の呪術的起源』において人類に通有のものとしたところである」と付け加えている。この改定は、昭和一七年版『倫理学』の国家主権の原初的な、本来的な成立についての記述を、フレーザーの人類学的な原初性にもどしたものである。これは戦後修正というものの本質を示すものである。これは修正ではない。戦前版の論旨を抹消する改訂である。

(10) 岩波講座『倫理学』全一五巻は天野貞祐・高橋穣・和辻を編集委員として岩波書店から刊行された。昭和一五(一九三七)年五月に第一冊を刊行、同一六年一二月に第一五冊を刊行して完結した。和辻は「人倫的国家の理想とその伝統」を第六冊に、「武士道」を第一二冊に、また「町人道徳」を第一三冊に書いている。

(11) 和辻『尊王思想とその伝統』(日本倫理思想史・第一巻)第二章「上代に於ける神の意義」、岩波書店、一九四三。なお「上代に於ける「神」の意義の特殊性」は『思想』の昭和一一年六月に掲載された。

(12) 和辻『倫理学』上巻、「序論」第一節「人間の学としての倫理学の意義」。

14　国破れて山河はあるか

（1）和辻の『倫理学』下巻は昭和二四年（一九四九）五月に岩波書店から刊行された。本稿はこの昭和二四年版によっている。
（2）『倫理学』下巻・第四章・第二節「人間存在の風土性」。傍点は子安。
（3）柳田国男『先祖の話』は筑摩所書房から昭和二一年四月に刊行されたが、その原稿は戦争末期の二〇年四月から五月にかけて書かれたものである。『定本柳田国男全集』第一〇巻所収、筑摩書房、一九六二。
（4）和辻『風土——人間学的考察』岩波書店、一九三五。
（5）和辻の『風土』の第五章「風土学の歴史的考察」は「風土」論をめぐる方法論的考察をヘルダーやヘーゲル、そしてマルクスやドイツの人文地理学によってしている。ここではヘルダーやラッツェルによる風土論的「国土」概念成立の方向だけが示唆されている。
（6）『倫理学』下巻・第四章・第一節「人間存在の歴史性」。傍点は和辻。
（7）傍点は和辻。
（8）『倫理学』下巻・第四章・第三節「歴史性風土性の相即——国民的存在」。傍点は和辻。

15　和辻『倫理学』はいかに完結したか

（1）「国民道徳論」、岩波講座『教育科学』第七冊所収。岩波書店、一九三二。
（2）私が「伏せられた始まり」というのは、和辻も、その全集を編んだ後継者たちも、彼の『倫理学』の始まりをなすものとしての両論文を伏せているからである。
（3）「風土」が最初に『思想』の昭和四年四月号に発表され、「牧場・完」が最後に昭和一〇年三月号に発表された。『風土――人間学的考察』の刊行は昭和一〇年九月である。
(4) アングロ・サクソン的〈近代〉の超克の問題をめぐっては本書の諸処で触れているが、本章に先立つ第一三章「死ぬことができる「国家」の提示」と第一四章「国破れて山河はあるか」でやや詳しくのべている。
(5)『教育科学』は第六次の岩波講座とされる。第一次の岩波講座は『世界思潮』である。専門的学術・科学の最新の情報と成果とを講座に編集して一般読者に提供する出版活動は岩波講座として始まった。岩波講座『教育科学』は阿部重孝・佐々木秀一・高橋穣・城戸幡太郎らを編集委員として、昭和六年(一九三一)一〇月に第一冊を刊行し、昭和八年八月に第二〇冊を刊行して完結した。
(6) 前掲「国民道徳論」。傍点は和辻。
(7) 本書第二章「和辻は倫理学を作り直す」。
(8) 前掲「国民道徳論」。傍点は和辻。
(9) 子安「「日本民族」概念のアルケオロジー」『日本ナショナリズムの解読』白澤社、二〇〇七。
(10)「序論」『倫理学』上巻、岩波書店、一九三七。
(11) ここに至る論文「国民道徳論」におけるわが「国民的道徳」の記述は、『風土』の第三章・第二節「日本」の記述と同じであり、むしろ「日本」の引用だといいうる。「日本」は「昭和六年稿」と付記されているから、「国民道徳論」はそれに引き続いて書かれたものであろう。
(12)『思想』昭和二一年三・四月号に掲載されたこの論文については、本書第一三章「死ぬことができる「国家」の提示」を参照されたい。

あとがき

本書『和辻倫理学を読む』は、雑誌『現代思想』の昨年（二〇〇九年）の四月号から今年の六月号まで、一五回にわたって連載された「和辻倫理学とは何か」を一冊にまとめたものである。私はこれを雑誌に連載しながら、同時に昭和イデオロギー研究会でも講義していった。「和辻倫理学」はこの研究会の第二期のテーマであった。昭和イデオロギー研究会の第一期のテーマは「近代の超克」であった。それは『現代思想』にも連載され、すでに『「近代の超克」とは何か』（青土社、二〇〇八年）として公刊されている。事の経過をこのようにいうのは、「和辻倫理学」とは「近代の超克」を引き継ぐテーマとして私にあったことをいいたいためである。

私は「近代の超克」に継いで「和辻倫理学」をも昭和の〈思想的事件〉として読もうとしたのである。〈大東亜戦争〉の開戦の感動を、あの『文学界』の座談会を司会した河上徹太郎は「近代の超克」の一語に集約した。そして和辻哲郎もまた『倫理学』中巻の最終節「国家」を書いている時、〈大東亜戦争〉の勃発に際会し、「覚悟」という言葉を「序」に記した。だが和辻は昭和一六年の開戦に接して、「近代の超克」の課題を自覚したわけではない。ヨーロッパ的近代の克服ということは、すでに昭和の初めから和辻における思想的な課題であった。大正末年に京都に移り、やがて京都帝大の倫理学講座の担当教授となる和辻は、すでにそのときから倫理学によるあの課題の遂行を考えていたのである。「人間の学」としての倫理学が、その課題に対して和辻が提示する答えであった。河上たちがあの座談会で開戦の報に打ち慄えながら「近代の超克」を語ったその時、和辻はすでに歴史への倫理学的回答の頂点をなす「国家」章を、覚悟のうちに書き進めていたのである。

私はここで本書『和辻倫理学を読む』が「もう一つの「近代の超克」」という副題をもつ理由をのべようとしてきた。だがそれをのべながら私は、「和辻倫理学」をもう一つの「近代の超克」論と見るよりは、むしろこれこそが「近代の超克」の本論であることを再確認しているように思われるのだ。和辻の『倫理学』とは、二〇世紀世界史に対する昭和日本の哲学的・倫理学的回答ではなかったのか。彼の『倫理学』は過剰な意味を担っていると私は本書の首章でいった。なぜなら和辻は直面する歴史の中に出て『倫理学』を書こうとしたからである。彼はヨーロッパ近代の克服という課題を倫理学的に負おうとしたのである。こうして〈共同存在としての人間〉が、この克服の課題を負う『倫理学』の主題となったのである。

和辻の『倫理学』は昭和日本の刻印を負っている。昭和日本の国家的展開、戦争とそして敗戦という挫折の刻印を深く負っている。それは彼の『倫理学』が倫理学的に過剰の意味をもったからである。われわれがいま彼の『倫理学』から読まねばならないのは、この過剰な意味をもった『倫理学』の運命である。和辻の『倫理学』をただ倫理学的に読むものは、この過剰の意味を読もうとはしない。私はこの『倫理学』を昭和の〈思想的事件〉として読んだ。だからこそ、和辻倫理学があの最終節「国家」章をもつ『倫理学』中巻として昭和一七年という年に出現することの運命的な事件性を読むのである。私はこの『倫理学』中巻をもって和辻は「終えねばならなかった」といった。日本の国家的挫折の後に、この中巻に続く下巻がなお和辻によって書かれることは考えられないことであった。だが和辻はあの「国家」章を大幅に修正して、下巻を書いてしまった。和辻の『倫理学』を倫理学的に読むものは、下巻の刊行をもって和辻『倫理学』の体系的完結を称賛するだろう。だが和辻の『倫理学』を昭和の〈思想的事件〉として読むものは、これをスキャンダラスな事件として見る。私は『倫理学』下巻に戦後的な延命の惨めな姿を見るだけである。

和辻は書くべからざる下巻を書くことによって、講壇倫理学の終焉をわれわれに告げてしまったのだ。本書の最終章を私はそういう言葉をもって閉じている。『倫理学』下巻をもって講壇倫理学の終焉を私がいうのは、中巻にいたる『倫理学』の〈思想的事件性〉を重く見るからであり、下巻によって『倫理学』の不実な完結を見るからである。それは近代日本のアカデミズムにおける倫理学の終焉を告げるような不実な完結である。だが中巻にいたる『倫理学』の〈思想的事件性〉を重く見る私は、和辻自身が惨めな形で終えていった方向とは別に、和辻における「近代の超克」という課題とその遂行がたどる挫折の運命を真剣に辿り直そうとした。和辻倫理学とは、国家とともに挫折の運命をもった〈負〉の思想遺産である。〈共同存在としての人間〉という「人間」の定義が正当であるならば、この定義を掲げた和辻倫理学という近代文明の克服の道はなぜ挫折の運命を辿ったのか。それは昭和の〈負〉の思想遺産である和辻倫理学がわれわれに投げかける再考の課題である。

私は「あとがき」とはいえない言葉をここに連ねてきたようだ。しかしこれはたしかに書き終えた後の言葉である。書き終えることで初めていえる言葉でもある。

はじめにいったように、この書を構成する各章は、『現代思想』に連載するとともに昭和イデオロギー研究会で講義していったものである。つねに熱心な聞き手をもっていたことは、本書を完成させる上で大きな力であった。研究会の参加者の方々に心から感謝したい。

最後に『現代思想』の連載を配慮して下さった同誌編集長の池上善彦氏と、『「近代の超克」とは何か』に続いて本書の編集を担当して下さった青土社編集部の水木康文氏にあらためて感謝したい。それからいつも最初は驚かせ、しかし後には成る程と納得させる素晴らしい装幀を毎回して下さる高麗隆彦氏にお礼を申し上げたい。

二〇一〇年七月二四日

子安宣邦

子安宣邦　こやす・のぶくに

日本思想史。1993 年川崎生まれ。東京大学文学部卒業、東京大学大学院博士課程（倫理学）修了。大阪大学名誉教授。日本思想史学会元会長。主な著書に『「近代の超克」とは何か』『国家と祭祀』（青土社）『「事件」としての徂徠学』『「宣長問題」とは何か』（青土社／ちくま学芸文庫）『徂徠学講義』『本居宣長』『日本近代思想批判』『思想史家が読む論語』（岩波書店）『伊藤仁斎の世界』（ぺりかん社）『鬼神論』『日本ナショナリズムの解読』（白澤社）『昭和とは何であったか』『「アジア」はどう語られてきたか』（藤原書店）ほか。

和辻倫理学を読む

もう一つの「近代の超克」

2010 年 8 月 20 日　第 1 刷印刷
2010 年 8 月 30 日　第 1 刷発行

著者——子安宣邦

発行人——清水一人
発行所——青土社
〒 101-0051　東京都千代田区神田神保町 1-29　市瀬ビル
［電話］03-3291-9831（編集）　03-3294-7829（営業）
［振替］00190-7-192955

印刷所——双文社印刷（本文）
　　　　　方英社（カバー・扉・表紙）
製本所——小泉製本

装幀——高麗隆彦

ISBN 978-4-7917-6566-9